Nouveau Cahier du jour Cahier du soir

CM1
Français

Auteur : **Pierre Granier**, *Professeur des écoles*
Directeur de collection : **Bernard Séménadisse**, *Maître formateur*

Ce cahier appartient à :

MAGNARD

Présentation

Un cahier complet

- **Ce cahier de Français, destiné aux élèves de CM1, est conforme aux derniers programmes.**
Il reprend toutes les notions et couvre tous les domaines :
  – Grammaire
  – Orthographe
  – Conjugaison
  – Vocabulaire

- **La rubrique « J'observe et je retiens »** propose toutes les **règles** et de nombreux **exemples**.

- **La rubrique « Je m'entraîne »** propose des **exercices progressifs** pour réinvestir les acquisitions. Ils sont classés par ordre de difficulté (de ★ à ★★★).

→ *Les corrigés détachables sont situés au centre du cahier.*

- À la fin de chaque page, l'enfant est invité à **s'auto-évaluer**.

- La rubrique **« Pour l'adulte »** donne des conseils pour guider au mieux l'enfant.

Un mémento visuel

Un mémento avec l'essentiel à retenir en Français CM1 :
pour une mémorisation visuelle efficace !

→ *À détacher au centre du cahier et à conserver toute l'année.*

Sommaire

GRAMMAIRE

1. Les types de phrases
2. Les formes de phrases
3. Identifier le sujet (1)
4. Identifier le sujet (2)
5. Le complément d'objet
6. Les compléments circonstanciels
7. Les déterminants démonstratifs et possessifs
8. L'adjectif
9. Le complément du nom
10. Le groupe nominal
11. Les pronoms personnels
12. Les conjonctions de coordination
13. Les adverbes
14. La réduction de la phrase
15. L'expansion de la phrase
16. La ponctuation
17. L'organisation du texte

ORTHOGRAPHE

18. L'accord sujet/verbe (1)
19. L'accord sujet/verbe (2)
20. L'accord de l'adjectif et du participe passé
21. Les accords dans le groupe nominal
22. Les accords dans la phrase
23. L'accord du participe passé avec *être* et *avoir*
24. Infinitif en *-er* ou participe passé en *-é* ?
25. Le féminin des noms
26. Le pluriel des noms
27. Le pluriel des noms en *-eu, -eau, -au, -ail*
28. A – à • ou – où
29. Et – est • son – sont
30. On – on n' – ont
31. Ce – se – s'
32. Ces – ses – c'est – s'est
33. Les valeurs des lettres *c* et *g*
34. Les noms féminins en *-é, -té, -tié*
35. Les mots invariables

CONJUGAISON

36. Le présent (1)
37. Le présent (2)
38. Le présent (3)
39. L'imparfait (1)
40. L'imparfait (2)
41. L'imparfait (3)
42. Le futur (1)
43. Le futur (2)
44. Le futur (3)
45. Des terminaisons régulières (1)
46. Des terminaisons régulières (2)
47. Le passé composé (1)
48. Le passé composé (2)
49. Le passé composé (3)

VOCABULAIRE

50. Les homonymes
51. Les synonymes
52. Les familles de mots
53. Les préfixes
54. Les suffixes
55. Les contraires
56. Le champ lexical
57. Le sens propre et le sens figuré
58. Du verbe au nom
59. De l'adjectif au nom
60. L'utilisation du dictionnaire

Mémento visuel détachable

Corrigés détachables au centre du cahier

1 Les types de phrases

J'observe et je retiens

■ Les phrases **déclaratives** servent à donner une **information**. Elles se terminent par un point.
Exemple Le garde forestier observe les oiseaux migrateurs.

■ Les phrases **impératives** servent à exprimer un **ordre**, un **conseil**. Elles se terminent le plus souvent par un point d'exclamation.
Exemple Monte sur cet arbre !

■ Les phrases **interrogatives** servent à poser une **question**. Elles se terminent par un point d'interrogation.
Exemple Combien en compte-t-il ?

Phrase interrogative : point d'interrogation.

Je m'entraîne

1 ★ Complète le tableau.

Phrases	Type de phrase
1. T'a-t-il fait peur ?	_____
2. Dépêche-toi !	_____
3. Il existe des animaux vraiment étranges.	_____

2 ★★ Transforme les phrases suivantes en **phrases interrogatives**.

1. Les aigles sont protégés. → _____
2. Cette espèce animale est très rare. → _____
3. Les rapaces dorment le jour. → _____

3 ★★ Écris les phrases pour donner un **ordre**.

1. Ne pas faire de bruit → _____
2. S'approcher du nid → _____
3. Ouvrir grand ses yeux et regarder → _____
4. Surtout, ne pas toucher les œufs → _____

4 ★★★ Transforme les phrases.

Phrase déclarative	Phrase interrogative	Phrase impérative
1. Il me photographie.		
2. Vous le filmez.		
3. Il le lui raconte.		

As-tu réussi tes exercices ? Très bien ☐ Assez bien ☐ Pas assez bien ☐

2 Les formes de phrases

J'observe et je retiens

■ Une phrase est à la **forme négative** lorsque l'action ne se réalise pas.
Le verbe peut être encadré par les négations :
ne … pas – *ne … jamais* – *ne … plus* – *ne … rien* – *ne … personne*.
Exemple Je ne bois jamais de lait.

■ Les phrases **exclamatives** servent à exprimer un **sentiment** : la joie, la peur, la colère, la surprise, l'admiration…
Elles se terminent par un point d'exclamation.
Exemple Que la nature est belle !
Cette phrase exprime l'admiration.

Je m'entraîne

1 ★ Écris ces phrases à la **forme négative**.
1. Bricoler à la maison est mon passe-temps favori. → _____
2. Faut-il toujours pratiquer un sport ? → _____
3. Éteins ton ordinateur. → _____

2 ★★ Réponds négativement aux questions suivantes ; utilise des négations différentes.
1. Collectionnes-tu toujours les timbres ? → Je _____
2. Vas-tu souvent visiter des musées ? → _____
3. À qui vas-tu offrir ces fleurs ? → _____
4. As-tu quelque chose à me donner ? → _____
5. As-tu retrouvé ton mot de passe ? → _____

3 ★★ Souligne les **phrases exclamatives**.
1. J'aurais voulu être près de toi.
2. Combien de jours comptes-tu rester ?
3. Maëlle, tu as encore bien réussi !
4. La visite de nos correspondants s'achève.
5. Comme c'est agréable de jouer avec toi !

4 ★★ Écris le mot exclamatif qui convient.
1. _____ belle salle de jeux !
2. _____ ces objets sont fragiles !
3. _____ bonheur de te revoir !
4. _____ elles sont joueuses ces filles !
5. _____ ils parlent vite ces enfants !

5 ★★★ Indique pour chaque phrase le sentiment qu'elle exprime.
1. Comme cet alpiniste est courageux ! _____
2. Toi ! Tu participes à cette compétition ! _____
3. Que cette descente est dangereuse ! _____
4. Quelle belle course ! Je suis sur le podium ! _____
5. Tu m'as encore emprunté ma tablette ! _____

As-tu réussi tes exercices ?   Très bien ☐   Assez bien ☐   Pas assez bien ☐

3 Identifier le sujet (1)

J'observe et je retiens

■ Dans une phrase, le **sujet** peut être encadré par *c'est ... qui* (ou *ce sont... qui*).

Exemple Le pêcheur attrape un poisson.
C'est le pêcheur **qui** attrape un poisson.
Le pêcheur *est le sujet du verbe* attraper.

 Tu peux aussi trouver le sujet en posant la question *qui est-ce qui* (ou *qu'est-ce qui*) avant le verbe. *Qui est-ce qui attrape un poisson ? Le pêcheur.*

■ Le **sujet** peut être :
– un **groupe nominal** ;
– un **nom propre** ;
– un **pronom personnel**.

Exemple Un beau voilier navigue.
↑
groupe nominal

Maxime est à bord. Il passe une bonne journée.
↑   ↑
nom propre   pronom personnel

Je m'entraîne

1 ★ **Récris les phrases en commençant par** *c'est... qui* **ou** *ce sont... qui*, **puis souligne les sujets.**

1. Le goal détourne le ballon en corner. → _____
2. Ses équipiers l'applaudissent. → _____
3. Les supporteurs poussent des cris de joie. → _____

2 ★ **Pose oralement la question** *qui est-ce qui ?* **ou** *qu'est-ce qui ?* **avant le verbe, puis souligne les sujets.**

1. Le retour des hirondelles annonce le printemps.
2. Les jonquilles embellissent les rives du canal.
3. Le merle et la merlette construisent un nid.

3 ★★★ **Souligne les sujets dans le texte.**

1. Hier, notre maître nous a demandé de raconter nos vacances. 2. Léa a parlé d'une croisière sur la Méditerranée. 3. Avec ses parents, elle a embarqué à Marseille. 4. Le *Corail* est un navire de plus de sept-cents places. 5. De nombreux employés s'occupent des touristes. 6. Heureusement, la mer Méditerranée était très calme. 7. Malgré ça, sa sœur a été malade. 8. Lucie et son frère Mathis ont montré les photos de la ferme de leurs grands-parents. 9. Sur l'une d'elle, Mathis conduit un gros tracteur. 10. Les poules et les canards vivent en liberté.

4 ★★★ **Relève les sujets de l'exercice précédent et classe-les ci-dessous.**

Noms propres : _____
Groupes nominaux : _____
Pronoms personnels : _____

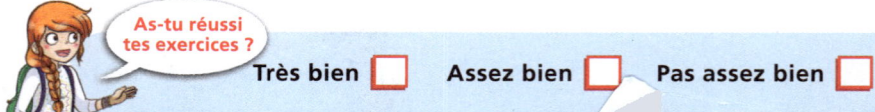

4 Identifier le sujet (2)

J'observe et je retiens

■ Quand le **sujet** est placé **après le verbe**, on dit qu'il est **inversé**.

Exemple Au loin **apparaît un bateau**.
C'est **un bateau** qui **apparaît** au loin.
Un bateau est le sujet du verbe **apparaître**.

■ Dans une phrase, le sujet est parfois **éloigné** du verbe.

Exemple **Des marins**, toute la journée, **s'occupent** de l'entretien du navire.
Des marins est le sujet du verbe **s'occuper**.

Je m'entraîne

1 ★ **Récris les phrases en commençant par *c'est... qui* ou *ce sont... qui*. Souligne ensuite les sujets.**

1. Au-dessus de nous, passe un avion. → _____
2. Dans le pré, atterrissent des parachutistes. → _____

2 ★ **Pose oralement la question *qui est-ce qui ?*, puis écris les sujets.**

1. Devant l'école passe monsieur le maire. → _____
2. « Bonjour », disent en chœur les enfants. → _____

3 ★★ **Souligne les sujets dans les phrases.**

1. « Au feu, au feu ! » crient les passants affolés.
2. De toutes parts, surgissent des badauds.

4 ★★ **Pose oralement la question *qui est-ce qui ?*, puis souligne les sujets.**

1. Le bateau à voile, à cause d'un fort vent du sud, menace de démâter.
2. Les matelots, même pendant la tempête, s'activent sans relâche sur le pont.

5 ★★★ **Dans ce texte, repère les verbes puis souligne les sujets.**

1. De nombreux satellites, de nos jours, tournent autour de la Terre.
2. Certains nous donnent des renseignements sur le temps.
3. Les ingénieurs de Météo France les utilisent pour réaliser les prévisions météorologiques.
4. En Guyane française, a été construite la base de la fusée européenne.
5. De cette base, sont effectués tous les lancements de la fusée Ariane.
6. Les techniciens, le jour J, attendent avec impatience le compte à rebours.

As-tu réussi tes exercices ?

Très bien ☐   Assez bien ☐   Pas assez bien ☐

5 Le complément d'objet

J'observe et je retiens

■ **Le complément d'objet** est un complément **essentiel**. On ne peut pas le supprimer.
Exemple Leila regarde les photos de famille. → Leila regarde. *(La phrase n'a plus de sens.)*
→ **Les photos de famille** *est complément d'objet du verbe* regarder.

■ Le complément d'objet peut être un **nom** ou un **groupe nominal**, un **pronom**, un **verbe à l'infinitif** ou un **groupe verbal**.
Exemples Je fais souvent **des dessins**. *(groupe nominal)*
Je **les** affiche dans ma chambre. *(pronom)* Par contre, je n'aime pas **peindre**. *(verbe)*

■ **Le complément d'objet** est parfois relié au verbe par une **préposition** (*à*, *de*, *par*, *pour*…).
Exemple Elle se souvient **de** ses grands-parents.

Je m'entraîne

1 ★ **Indique par oui ou non si la phrase contient un complément d'objet.**

1. L'avion à réaction passe le mur du son. _____ 2. Surprise par le bruit, Maëlle sursaute brusquement. _____ 3. Au loin, elle aperçoit une fumée multicolore. _____
4. Affolée, elle rentre rapidement chez elle. _____

2 ★★ **Souligne dans chaque phrase le complément d'objet.**

1. J'accompagne, tous les matins, Maxime à l'école. 2. La maîtresse accueille en souriant les enfants sur le pas de la porte. 3. À 9 heures précises, chacun regagne calmement sa place.

3 ★★ **Souligne les compléments d'objet et relis-les à leur nature.**

1. Émilie adore raconter des histoires.   • a. groupe nominal
2. Nous apprenons toutes les semaines un nouveau poème. •   • b. pronom
3. Nous le récitons à tour de rôle devant nos camarades. •   • c. groupe verbal

4 ★★ **Complète chaque phrase en ajoutant la préposition qui convient.**

1. Te souviens-tu _____ cette histoire ? 2. Je t'ai confondu _____ ton frère. 3. Vous serez interrogés _____ les gendarmes. 4. Nous comptons _____ vous dimanche. 5. Il se dévoue _____ les autres. 6. J'ai appris la leçon _____ le système solaire. 7. Il donne des graines _____ pigeons.

5 ★★★ **Complète chaque phrase avec le complément d'objet demandé.**

1. (un verbe à l'infinitif) La nuit, Il m'est interdit _____ .
2. (un nom) Ma sœur adore passionnément _____ .
3. (un pronom) Chaque matin, elle _____ attend avec impatience.

As-tu réussi tes exercices ? Très bien ☐   Assez bien ☐   Pas assez bien ☐

6 Les compléments circonstanciels

J'observe et je retiens

■ Le **complément circonstanciel** peut être **déplacé** et **supprimé**.
Exemple Manon a un ordinateur dans sa chambre.
→ Dans sa chambre, Manon a un ordinateur. *(complément déplacé)*
→ Manon a un ordinateur. *(complément supprimé)*

■ Les compléments circonstanciels **enrichissent la phrase**.
Exemple Tous les mercredis à la maison des savoirs, Manon suit, assidûment, des cours d'informatique.

Je m'entraîne

1 ★ **Récris chaque phrase en déplaçant le groupe souligné.**

1. <u>Pendant ses loisirs</u>, Karim construit des avions miniatures. → _____
2. <u>Pour ma fête</u>, il m'a offert sa plus belle maquette. → _____

2 ★ **Dans le texte ci-dessous, souligne les compléments circonstanciels.**

1. Mélanie plante des fleurs dans le jardin. 2. Pendant ce temps, son frère joue au tennis. 3. En fin de matinée, avec leur papy, ils installeront le salon d'été sur la terrasse. 4. Avant l'arrivée de leurs parents, ils allumeront le barbecue. 5. Avec application, ils mettront les couverts sur la table.

3 ★★ **Récris chaque phrase en déplaçant le complément circonstanciel.**

1. Le week-end prochain, Rémi fêtera son anniversaire. → _____
2. Sa maman l'embrassera avec beaucoup d'affection. → _____
3. Il partagera son gâteau avec son grand-père. → _____
4. Les invités distribueront les cadeaux à la fin du repas. → _____

4 ★★★ **Enrichis chaque phrase avec deux compléments circonstanciels.**

1. _____ les hirondelles sont nombreuses _____ .
2. Les chiens aboient _____ .
3. _____ Leïla soigne son chat _____ .
4. _____ il fait des recherches _____ .

Pour l'adulte
Amusez-vous avec l'enfant : enrichissez une phrase en ajoutant des compléments circonstanciels.

As-tu réussi tes exercices ?

Très bien ☐   Assez bien ☐   Pas assez bien ☐

7 Les déterminants démonstratifs et possessifs

J'observe et je retiens

■ Les déterminants **démonstratifs** (*ce*, *cette*, *cet*, *ces*) s'utilisent avec un nom pour **montrer** quelqu'un ou quelque chose.

Exemple **Cette** femme et **cet** homme habitent dans **ce** pavillon, situé au milieu de **ces** grands arbres.

■ Les déterminants **possessifs** (*mon*, *ma*, *mes*, *notre*, *ton*, *ta*, *son*, *sa*, etc.) indiquent la **possession**, l'**appartenance**.

Exemple Chaque soir, **mon** grand-père maternel nous racontait l'histoire de **notre** famille.

Je m'entraîne

1 ★ **Écris le déterminant démonstratif qui convient.**

1. _____ chien est très peureux, il fuit dès que nous nous approchons de lui. 2. _____ animal est malheureux en cage. 3. C'est dans _____ partie des Pyrénées que l'on peut rencontrer des ours. 4. _____ oiseaux migrateurs reviennent des pays chauds. 5. _____ garde forestier contrôle _____ réserve naturelle.

2 ★★ **Récris les phrases en remplaçant le nom souligné par le nom entre parenthèses.**

1. À qui appartient ce <u>stylo</u> ? (règle) → _____
2. Il viendra cette <u>semaine</u>. (après-midi) → _____
3. Qui a acheté cet <u>ordinateur</u> ? (console) → _____
4. Où range-t-on ce <u>classeur</u> ? (fiches) → _____
5. Peux-tu terminer ce <u>travail</u> ? (exercices) → _____

3 ★★ **Complète le tableau avec le nom et le déterminant possessif qui conviennent.**

	Masculin singulier	Féminin pluriel	Masculin pluriel	Féminin pluriel
À moi	Mon voisin			
À vous	Votre voisin			
À lui				
À eux				

4 ★★ **Remplace les noms soulignés par le nom entre parenthèses. Fais les modifications nécessaires.**

1. J'ai rencontré nos <u>amis</u>. (amie) → _____
2. Il ne se déplace jamais sans sa <u>planche</u>. (patins) → _____
3. Tu as oublié ton <u>parapluie</u>. (lunettes) → _____
4. La tourterelle surveille sa <u>nichée</u>. (oisillons) → _____

As-tu réussi tes exercices ?

Très bien ☐   Assez bien ☐   Pas assez bien ☐

8 L'adjectif

J'observe et je retiens

■ **L'adjectif épithète** fait partie du groupe nominal. Il est situé **avant ou après le nom**. Il donne des renseignements sur le nom.

Exemple Dans cette bibliothèque, on peut consulter des **beaux** **livres** **anciens**.
↑ ↑ ↑
adj. épithète   nom   adj. épithète

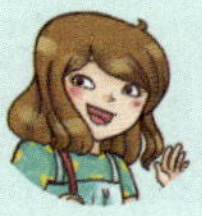

L'adjectif épithète peut être supprimé.

■ L'adjectif épithète peut être **séparé du nom** qu'il complète **par une virgule** ; on dit qu'il est détaché.

Exemple **Conquérantes**, les **vagues** montaient à l'assaut de la falaise.
Placé en début de phrase l'adjectif conquérantes accompagne le nom vagues.
Il est épithète du nom (dont il est détaché).

Je m'entraîne

1 ★ **Relie chaque nom à l'adjectif qui convient.**

1. Une mer • • a. immenses
2. Un sommet • • b. piquantes
3. Des plaines • • c. houleuse
4. Des plantes • • d. pointu

2 ★★ **Souligne le nom et entoure l'adjectif épithète s'il existe.**

1. Des planètes lointaines – 2. Une étoile filante – 3. Le coucher de soleil – 4. Une nuit étoilée – 5. Une éclipse de Lune – 6. Un temps hivernal

3 ★★ **Remplace le groupe nominal en gras par un adjectif épithète de même sens.**

1. Un temps **d'été** → _____
2. La vie **sur Terre** → _____
3. Un phénomène **de la nature** → _____
4. Une éclipse **de soleil** → _____

4 ★★★ **Récris les phrases en utilisant les adjectifs mis entre parenthèses.**

1. Un éclair traverse brusquement le ciel. (brillant, obscur)
→ _____

2. Des sentiers mènent au sommet de cette montagne. (haute, tortueux, escarpée)
→ _____

3. Les lions se reposent sous le feuillage d'un arbre. (épais, repus, gigantesque)
→ _____

5 ★★★ **Complète les phrases en détachant l'adjectif proposé en début de phrase.**

1. Cet enfant sourit. (joyeux)
→ _____

2. Ma sœur a beaucoup d'amis. (gentille)
→ _____

Très bien ☐   Assez bien ☐   Pas assez bien ☐

9 Le complément du nom

J'observe et je retiens

■ Le **complément du nom** donne un renseignement sur le nom. Il est relié au nom par une **préposition** : *à, de, en, par, pour, sur, avec…*

Exemple Younès envoie des cartes de vœux.

Le groupe nominal *de vœux* donne un renseignement sur le nom **cartes**.
De vœux est le complément du nom **cartes**.
de est la **préposition**.

■ Le complément du nom peut être un **nom**, un **groupe nominal**, un **verbe à l'infinitif**.

Exemple
Si je n'ai pas **le temps** d'écrire, je passerai
↑
verbe

un coup de téléphone.
↑
groupe nominal

Je m'entraîne

1 ★ **Souligne, quand il existe, le complément du nom et relie-le au groupe nominal qu'il complète.**

1. Un satellite de la Terre
2. L'étoile du Berger
3. Une étoile filante
4. La planète des singes
5. La planète Mars
6. Une éclipse de Soleil

2 ★ **Précise chaque groupe nominal par un complément du nom. Entoure la préposition.**

1. Un groupe _____
2. Une compagnie _____
3. Une horde _____
4. Une nichée _____

3 ★★★ **Souligne les compléments du nom et entoure les prépositions.**

1. Dépêche-toi, il est l'heure de partir. 2. N'oublie pas tes affaires de piscine ; elles sont dans la salle de bains. 3. Mets ton sac de sport dans le coffre de la voiture. 4. Je n'ai pas le temps d'attendre, je reviendrai après le cours de natation. 5. À mon retour, nous irons manger au restaurant de la gare. 6. L'après-midi, je t'amènerai au cinéma du centre-ville voir un film de science-fiction.

4 ★★★ **Souligne les compléments du nom et indique leur nature dans les parenthèses.**

1. Lentement, il marcha jusqu'à la tombée de la nuit (_____) et arriva au pied d'une colline (_____).
2. Là, au milieu d'une forêt de conifères (_____), il découvrit une cabane en bois (_____).
3. Nathan laissa échapper un cri de triomphe (_____) : il avait enfin retrouvé la cabane de son enfance (_____). 4. Des larmes de joie (_____) emplirent ses yeux. 5. Des images de ses vacances à la campagne (_____) défilèrent dans sa tête. 6. Il s'assit et prit le temps de rêver (_____).

Pour l'adulte
Jouez avec l'enfant à trouver des compléments du nom :
un livre de jeux, de bibliothèque, de lecture, de mathématiques…

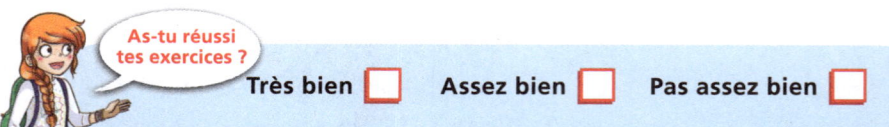

As-tu réussi tes exercices ?

Très bien ☐   Assez bien ☐   Pas assez bien ☐

10 Le groupe nominal

J'observe et je retiens

■ Dans un **groupe nominal**, on peut supprimer les mots ou groupes de mots facultatifs.

Exemple Après des heures d'efforts, les randonneurs enthousiastes arrivent au sommet de la montagne.

On met ainsi en évidence le **nom essentiel** du groupe nominal.

■ Le **nom** est accompagné d'un **déterminant** ; il peut être précisé par un **adjectif** ou par un **groupe nominal**.

Exemple Je vois, dans la profonde vallée,
　　　　　　　　　　↑　　　　↑
　　　　　　　　　　dét.　 adj.

des troupeaux de moutons et des bergers attentifs.
↑　　　　　↑　　　　　　　↑　　　　↑
dét.　groupe nominal　　dét　　　adj.

Je m'entraîne

1 ★ **Réduis le groupe nominal pour mettre en évidence le nom essentiel et le déterminant.**

1. Un train électrique
2. La voiture ancienne
3. Le code de la route
4. Le camion des pompiers
5. Une collection de voitures
6. Des véhicules tout terrain

2 ★★ **Dans les groupes nominaux suivants, souligne le nom essentiel.**

1. Une forêt de pins sylvestres
2. De nombreux pêcheurs de truites
3. Les eaux boueuses du torrent
4. Un vol d'oiseaux migrateurs
5. Le plus haut sommet des Alpes
6. Des routes de montagne sinueuses

3 ★★ **Souligne les groupes nominaux et entoure le nom essentiel.**

1. Le canot de sauvetage affronte une mer déchaînée. 2. Le pilote du navire a lancé un appel de détresse. 3. Un vent violent secoue l'embarcation aux voiles multicolores. 4. Les gros voiliers de croisière secourent les petits bateaux. 5. La vigilance de tous évite de nombreux naufrages.

4 ★★★ **Complète chaque groupe nominal selon le modèle.**

GN complété par...	un adjectif	un groupe nominal
un ami	un grand ami	un ami d'enfance
un dessin		
un jeu		

As-tu réussi tes exercices ?

Très bien ☐　　Assez bien ☐　　Pas assez bien ☐

11 Les pronoms personnels

J'observe et je retiens

■ Les **pronoms personnels** (*je*, *tu*, *il*, *elle*, *nous*, *vous*, *ils*, *elles*) peuvent être **sujets** du verbe.

Exemple Le clown fait rire les enfants. Il joue bien de l'harmonica.
Il *remplace le mot* clown *et il est sujet du verbe* jouer.

■ Certains **pronoms personnels** (*le*, *la*, *l'*, *les*, *leur*) peuvent être **compléments d'objet**.

Exemples 1 Les enfants applaudissent le clown. Ils l'applaudissent.
2 Il lance des confettis aux enfants. Il leur lance des confettis.

Il ne faut pas confondre *le*, *la*, *les*, *l'* : **articles définis** et *le*, *la*, *les*, *l'* : **pronoms personnels**.
Ex. : *l'enfant jette la balle* (article défini) ; *il la lance* (pronom personnel).

Je m'entraîne

1 ★ **Complète ce texte avec les pronoms personnels sujets qui conviennent.**

1. Avec maman, _____ sommes allés au cirque. 2. _____ était installé dans le village voisin. 3. _____ avons assisté à plusieurs numéros. 4. _____ étaient tous très beaux. Les lions et les tigres paraissaient méchants. 5. Pourtant, _____ obéissaient à leur dresseur. 6. Une dame jonglait avec des assiettes. _____ n'en a pas cassé. 7. Mon voisin a adoré les clowns. _____ riait aux éclats.

2 ★★ **Récris les phrases en utilisant des pronoms personnels de manière à éviter les répétitions.**

1. De multiples étoiles apparaissent dans la voie lactée. L'astronome observe ces étoiles avec son télescope.
→ _____

2. Ce savant a fait une importante découverte. Ce savant décrit cette découverte dans une revue scientifique.
→ _____

3 ★★★ **Souligne les cinq pronoms personnels compléments. Indique ensuite la ou les personnes qu'ils remplacent.**

Matéo est étendu sur le bord de la route. Un automobiliste l'aperçoit. 1 _____
Il s'arrête et descend de la voiture. Sa passagère le rejoint aussitôt. 2. _____
Quand ils sont près de Matéo, elle l'observe pour juger de l'état de 3. _____
ses blessures. Elle le recouvre d'une couverture. 4. _____
Il ouvre les yeux et leur raconte l'accident. 5. _____

4 ★★★ **Remplace tous les groupes nominaux par les pronoms personnels qui conviennent.**

1. Lucas range ses affaires. → _____
2. Ma sœur lance la balle à notre petit frère. → _____

12 Les conjonctions de coordination

J'observe et je retiens

■ Les **conjonctions de coordination** servent à **relier des mots de même nature** (2 noms, 2 adjectifs, 2 verbes).

Exemples
1. Préférez-vous la promenade ou la pêche ?
   ↑ nom   ↑ nom
2. Me préférez-vous les cheveux courts ou longs ?
   ↑ adjectif   ↑ adjectif
3. Préférez-vous vous promener ou pêcher ?
   ↑ verbe   ↑ verbe

■ Les conjonctions de coordination les plus utilisées sont : *mais*, *ou*, *et*, *donc*, *or*, *ni*, *car*.

Exemple Au mois de juillet **ou** au mois d'août, j'irai en vacances chez mes grands-parents **car** mes parents n'ont pas de congés.

> Les conjonctions de coordination sont des mots invariables.

Je m'entraîne

1 ★ **Complète les phrases avec les conjonctions qui conviennent :** *donc*, *ou*, *et*, *mais*, *car*.

1. Mon chien est beau _____ affectueux.
2. Léo est très rapide _____ il est très maladroit.
3. Je suis très fâché _____ tu m'as caché la vérité.
4. Samedi, selon le temps, nous irons au stade _____ au cinéma.
5. Il risque de faire très froid _____ je prends ma veste.

2 ★★ **Entoure les conjonctions de coordination. Indique avec une flèche quels mots elles relient.**

1. Écouter ou parler, il faut choisir.
2. Tes gâteaux sont superbes et délicieux.
3. Tu as oublié de ranger ton cartable et ta veste.   • noms
4. Je suis triste mais heureux de retrouver les copains.   • adjectifs
5. Faire ou défaire, c'est toujours travailler.   • verbes
6. Veux-tu du fromage ou un dessert ?

3 ★★★ **Écris entre parenthèses la conjonction de coordination qui convient pour relier les 2 phrases.**

1. Je ne suis pas sorti aujourd'hui. Il a plu toute la journée. (_____)
2. Liam n'a pas téléphoné à sa sœur. Il a beaucoup pensé à elle. (_____)
3. Adam a terminé ses devoirs. Il peut profiter de la piscine. (_____)
4. Le capitaine des bleus a marqué un bel essai. Il a réussi la transformation. (_____)
5. Je viendrai vous voir ce soir. Je remettrai à demain si vous n'êtes pas libres. (_____)

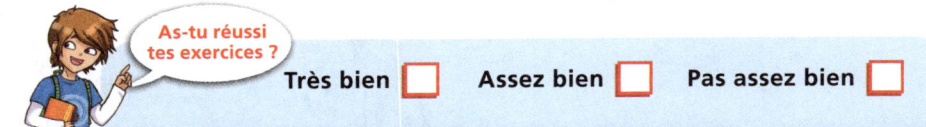

As-tu réussi tes exercices ? Très bien ☐   Assez bien ☐   Pas assez bien ☐

13 Les adverbes

J'observe et je retiens

■ Les **adverbes** sont des mots **invariables** qui précisent le sens d'un **verbe**, d'un **adjectif** ou d'un **autre adverbe**.

Exemple Je vais **souvent** à la piscine. C'est **très** agréable. Je nage **assez** bien.
            verbe   adjectif   adverbe

■ Les **adverbes** peuvent apporter des précisions sur le **temps** (hier, aujourd'hui, demain...), le **lieu** (ici, dedans, dehors...) ou la **manière** (bien, vite, mal...).

Exemple **Aujourd'hui** (*temps*), l'orage gronde. **Dehors** (*lieu*), le temps est exécrable. Le niveau de la rivière monte **vite** (*manière*).

Je m'entraîne

1 ★ Relie par une flèche l'adverbe en bleu au mot qu'il précise.

1. Cette voiture avance **lentement**.
2. Son moteur paraît **vraiment** fatigué.
3. Son conducteur s'arrête **assez** souvent.

2 ★★ Souligne le mot précisé par l'adverbe en bleu, puis relie-le à la nature du mot précisé.

1. Mon copain marche **trop** vite. •
2. Ce monsieur est **très** sympathique. •
3. Mon chat ronronne **toujours**. •
4. Mes vacances sont **plutôt** agréables. •

• verbe
• adjectif
• adverbe

3 ★★ Complète avec l'adverbe qui convient. Utilise : *autrefois, ensemble, maintenant, ici, volontiers, là-bas*.

1. (manière) J'accepte _____ ton invitation, _____ nous profiterons de la piscine.
2. (lieu) Nous habitons _____, près de la mer. _____ les étés sont très chauds.
3. (temps) _____, les gens se déplaçaient à pied, _____ ils utilisent la voiture.

4 ★★★ Écris l'adverbe qui convient, puis souligne le mot qu'il précise. Utilise : *largement, plus, vraiment, néanmoins, bien, plutôt, régulièrement*.

1. En français, ses résultats sont _____ exceptionnels. 2. Ses notes sont _____ au-dessus de la moyenne. 3. Il travaille _____. 4. En mathématiques, cependant, ses résultats sont _____ moyens. 5. Il pourrait _____ mieux faire, en travaillant _____ régulièrement. 6. Il mérite, _____, les encouragements.

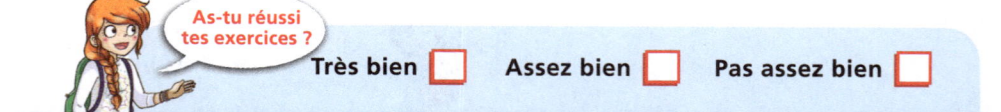

As-tu réussi tes exercices ? Très bien ☐   Assez bien ☐   Pas assez bien ☐

14 La réduction de la phrase

J'observe et je retiens

■ Pour réduire une phrase, on peut supprimer les groupes de mots facultatifs : les **compléments circonstanciels**.

Exemple ~~L'automne~~, les gens ramassent des champignons ~~dans la forêt~~.
→ Les gens ramassent des champignons.

■ Pour réduire une phrase, on peut aussi supprimer les **adjectifs** et les **compléments du nom**.

Exemple Cette ~~magnifique~~ hêtraie attire les randonneurs ~~du dimanche~~.
→ Cette hêtraie attire les randonneurs.

 Réduire une phrase permet de mettre en évidence le sujet et le complément d'objet.

Je m'entraîne

1 ★ **Récris les phrases en supprimant les compléments circonstanciels.**

1. Régulièrement, les étudiants font leurs recherches en naviguant sur le Net.
→ _____

2. Pendant les grandes marées, les vacanciers ramassent des coquillages au bord de l'océan.
→ _____

3. Tes devoirs terminés, tu dresseras la table sur la terrasse avant l'arrivée des invités.
→ _____

2 ★★ **Récris les phrases en supprimant les adjectifs et les compléments du nom.**

1. Ce fantastique livre d'aventures impressionne les jeunes enfants émotifs.
→ _____

2. Une talentueuse chanteuse de blues donne un grand spectacle dans la salle des fêtes de ma ville.
→ _____

3 ★★★ **Barre tous les mots ou groupes de mots facultatifs et récris le texte réduit.**

Cette plage familiale attire surtout des vacanciers de la région. Chaque jour, de nombreux jeux de plage occupent les jeunes touristes. Exceptionnellement, la semaine dernière, nous avons assisté à une compétition de jet-ski. Le bruit assourdissant des moteurs tranchait avec le calme habituel. Un public de connaisseurs avait envahi la belle plage sablonneuse.

_____
_____

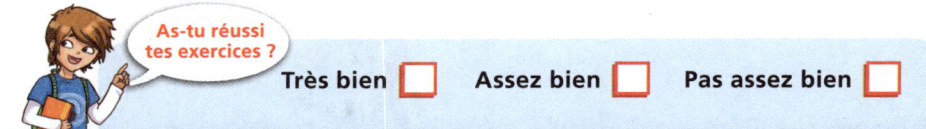

15 L'expansion de la phrase

J'observe et je retiens

■ Pour enrichir une phrase, on peut ajouter des **compléments circonstanciels**, qui répondent aux questions *où ?, quand ?, comment ?*

Exemple Enzo observait l'horizon.
<u>Au sommet d'une montagne</u>, Enzo observait <u>régulièrement</u> l'horizon <u>avec ravissement</u>.
   ↑   ↑   ↑
  où ?   quand ?   comment ?

■ Pour enrichir une phrase, on peut aussi ajouter des **compléments du nom** et des **adjectifs** au groupe nominal.

Exemple Un voilier voguait sur la mer.
<u>Un voilier aux voiles multicolores</u> voguait <u>sur la mer démontée</u>.
     ↑   ↑
 complément du nom   adj.

Je m'entraîne

1 ★ **Enrichis les phrases en ajoutant les compléments circonstanciels donnés.**

1. Mon frère a apprivoisé une pie. (patiemment – pendant son temps libre)

_____

2. Nous avons construit un cabanon. (près de la rivière – avec mes cousins – avec enthousiasme)

_____

2 ★★ **Enrichis la phrase en ajoutant trois compléments circonstanciels répondant aux questions *où ? quand ? comment ?***

Le conteur captive son public.

_____
_____

3 ★★ **Enrichis les groupes nominaux en violet en utilisant les mots ou groupes de mots donnés.**

1. **Ce château** domine **la vallée**. (en ruine – médiéval – de l'Ardèche – profonde)

_____

2. **Les touristes** visitent **les jardins**. (étrangers – nombreux – du château de Versailles – somptueux)

_____

4 ★★★ **Enrichis chaque phrase en ajoutant un adjectif et un complément du nom.**

1. Cette maison attire le regard. → _____
2. Ce jeu intéresse les enfants. → _____

As-tu réussi tes exercices ? Très bien ☐ Assez bien ☐ Pas assez bien ☐

16 La ponctuation

J'observe et je retiens

Le point	.	Il marque la **fin d'une phrase** et indique un **arrêt** de la voix.
La virgule	,	Elle sert à **séparer des mots**. Elle indique un léger temps d'arrêt.
Le point-virgule	;	Il marque un **arrêt plus long**.

Exemple Les enfants revenaient de classe de neige. Devant l'école, les parents impatients attendaient. Certains discutaient ; d'autres lisaient, assis dans leur voiture.

Le tiret	-	Dans un dialogue, il indique un **changement d'interlocuteur**.
Les deux-points	:	Ils annoncent que **quelqu'un va parler**.
Les guillemets	« »	Ils servent à **encadrer des paroles**.
Le point d'interrogation	?	Il permet de poser une **question**.
Le point d'exclamation	!	Il marque l'**étonnement**, la **surprise**.

Exemple Le papa d'Enora arriva à son tour. Il s'approcha et nous demanda :
« Savez-vous si l'arrivée est toujours prévue à dix huit heures ?
– Ce serait étonnant, lui répondit mon voisin. Ils ont deux heures de retard ! »

N'oublie pas qu'il faut toujours mettre une majuscule au début d'une phrase.

Je m'entraîne

1 ★ **Ajoute les virgules, les points-virgules et les points dans le texte suivant.**

Comme tous les matins   Léa met un quart d'heure avant de trouver son trousseau de clés   au milieu du fouillis   dans son cartable   Pourtant   elle préfère le ranger là   elle le perdait trop souvent quand elle le mettait dans la poche de son manteau   Chez elle   il n'y a personne   Sa mère est partie au travail   son père est allé rendre visite à ses parents

2 ★★ **Complète avec des points, des points d'interrogation et des points d'exclamation.**

1. Que de monde ___ 2. Les plages sont envahies de touristes ___ 3. Veux-tu marcher jusqu'au port ___
4. C'est un trois-mâts ___ 5. Quel beau bateau ___ 6. Connais-tu les propriétaires ___

3 ★★★ **Ponctue le texte suivant.**

___ Quel bel après-midi ___ chantonne Laura en sortant de la maison ___ Un panier à la main ___ elle part ramasser des cerises ___ Elle veut faire un gâteau surprise à sa maman ___
___ Où vas-tu ___ lui crie son frère Charly ___
___ Viens ___ je t'expliquerai en chemin ___
De retour à la maison ___ Laura rassemble les ingrédients ___ farine ___ sucre ___ beurre ___
___ C'est maintenant la partie la plus délicate ___ dit-elle ___ C'est mon premier gâteau ___

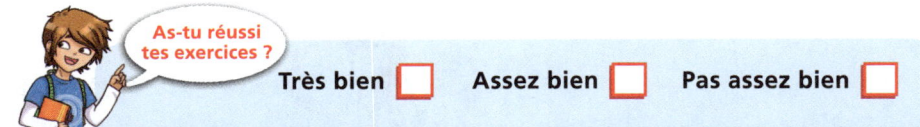

17 L'organisation du texte

J'observe et je retiens

■ Certains **mots ou expressions** permettent d'**organiser un récit** : ils situent les actions dans le temps ou les unes par rapport aux autres.
Les plus utilisés sont : *hier, aujourd'hui, demain, d'abord, ensuite, après, puis, premièrement*…

Exemple **Hier**, nous étions au Pays basque et avons visité la ville de Biarritz. **Aujourd'hui**, nous sommes sur le bassin d'Arcachon et admirons la dune du Pilat. **Demain**, nous arriverons à Bénodet en Bretagne. Il faut en profiter car **la semaine prochaine**, ce sera la rentrée des classes…

Je m'entraîne

1 ★ **Entoure les mots ou expressions qui permettent de situer les actions dans le temps.**

Le 20 mai 1927, Charles Lindbergh s'envolait d'un aérodrome de New York dans la brume du matin. L'avion décolla lentement, prit enfin de la hauteur et s'élança au-dessus de la mer. Vers le soir, un épais brouillard se forma. À l'aube le lendemain, perdu dans les nuages, l'aviateur navigua à la boussole. Vers la fin de la journée, l'appareil survola l'Angleterre. La nuit était tombée quand il aborda la France. À 22 heures 20, le *Spirit of Saint Louis* atterrissait sur l'aérodrome du Bourget.

2 ★★ **Complète le texte en utilisant : ensuite ; vers seize heures ; enfin ; au retour ; d'abord.**

Un après-midi à Paris. _____, nous avons pris le car. Nous sommes arrivés au théâtre vers 14 heures. _____, nous nous sommes installés. Nous avons vu une pièce qui s'appelle *Les lettres de mon moulin*. _____, le spectacle s'est terminé sous les applaudissements. _____, nous sommes sortis et avons repris le car. _____, il y avait beaucoup de circulation.

3 ★★★ **Les phrases de ce texte sont dans le désordre. Remets dans l'ordre les lettres qui les désignent.**

a. Un jour de pluie, j'ai assisté à un accident entre une voiture et un cycliste.
b. Ensuite, je me suis précipité vers un attroupement qui se formait sur ma droite.
c. J'étais au bord du trottoir quand j'ai entendu un coup de frein et un bruit de ferraille.
d. Tout d'abord, je me suis arrêté, un peu apeuré, en regardant dans la direction d'où venait le bruit.
e. Ce n'était pas grave, heureusement, et le jeune homme s'est levé avant l'arrivée de la police.
f. Ensuite, J'ai repris mon chemin, encore tout ému.
g. Alors, j'ai vu une voiture arrêtée et par terre, un jeune homme recroquevillé et une bicyclette bien abîmée.

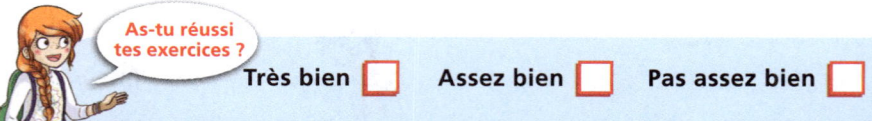

As-tu réussi tes exercices ?   Très bien ☐   Assez bien ☐   Pas assez bien ☐

18 L'accord sujet/verbe (1)

J'observe et je retiens

■ Le verbe s'accorde **en nombre** (singulier ou pluriel) **avec le sujet**.

Exemple : Les enfants courent après le ballon.
↑ ↑
sujet au / verbe
pluriel / au pluriel

Sujet singulier → verbe au singulier.
Sujet pluriel → verbe au pluriel.

■ Quand le sujet est un **groupe nominal**, le verbe s'accorde **avec le mot essentiel** du groupe sujet.

Exemple : Une bande d'enfants court après le ballon.
↑ ↑
mot essentiel du groupe / verbe
sujet au singulier / au singulier

Le mot essentiel est le nom situé en premier dans le groupe nominal.

Je m'entraîne

1 ★ **Relie les sujets et les verbes.**

1. Romane et Maël •
2. Aïcha •
3. Tous les enfants •   • joue.
4. Un clown •   • jouons.
5. Tout le monde •   • jouent.
6. Mon frère et moi •

2 ★★ **Souligne le sujet et accorde le verbe au présent.**

1. Les enfants regard_____ la télévision. Ils se passionn_____ pour les dessins animés.
2. Mon frère, le matin, déjeun_____ en écoutant les informations à la radio.
3. Quelques passantes se promèn_____ dans la rue.
4. Des oiseaux piaill_____ dans les arbres.

3 ★★★ **Souligne le groupe nominal sujet, entoure le mot essentiel, puis écris le verbe au présent.**

1. Un équipage de six chevaux (tourner) _____ sur la piste.
2. Les numéros de dressage (attirer) _____ un public nombreux.
3. Les acrobaties du trapéziste (impressionner) _____ les spectateurs.
4. La dresseuse de tigres (entrer) _____ dans la cage.
5. Un trio de jongleurs (présenter) _____ son numéro.
6. Le plus jeune d'entre eux (sembler) _____ gêné par le va-et-vient des passants.

As-tu réussi tes exercices ?

Très bien ☐   Assez bien ☐   Pas assez bien ☐

19 L'accord sujet/verbe (2)

J'observe et je retiens

■ Le **sujet** est parfois situé **après le verbe**.

Exemple Tous les jours, à la maison, **se joue** (verbe) **un petit drame** (sujet). Quel **est** (verbe) -il (sujet) ?

■ Le **sujet** peut être **éloigné du verbe**.

Exemple **Mon frère** (sujet), tous les jours, **cherche** (verbe) ses clés de voiture. **Il** (sujet) les **retrouve** (verbe) dans sa poche.

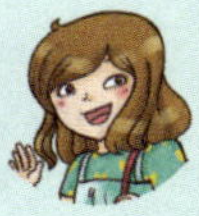

Dans tous les cas, **le verbe s'accorde toujours avec le sujet**.

Je m'entraîne

1 ★ **Transforme les phrases en mettant le sujet avant le verbe.**

1. Derrière les volets, se cache un chat. → ……………………
2. Au bord de l'étang, poussent des roseaux. → ……………………

2 ★ **Écris au présent les verbes entre parenthèses.**

1. Dans cette rivière, (vivre) …………………… de nombreuses variétés de poissons.
2. Au bord de ce plan d'eau, (s'installer) …………………… des groupes de pêcheurs.
3. Sur le pont suspendu, (passer) …………………… de nombreux touristes.

3 ★★ **Souligne les sujets des verbes soulignés.**

1. Les pêcheurs, quand le temps le permet, placent leurs filets le long de la côte.
2. Les arbres fruitiers, dès les grosses chaleurs, produisent d'énormes fruits sucrés.

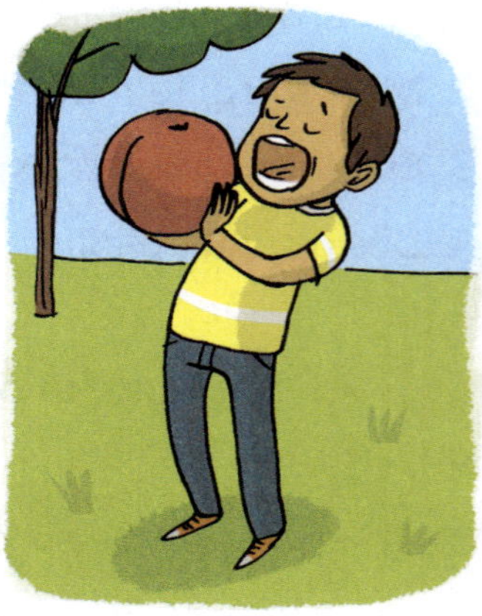

4 ★★ **Souligne les sujets et écris les verbes au présent.**

1. Cette lettre, tu la (donner) …………………… à tes parents ce soir.
2. Ce jouet, je te l'(offrir) …………………… avec plaisir.
3. Ses photos, elle me les (envoyer) …………………… dès son retour.

5 ★★★ **Relie chaque verbe souligné à son sujet.**

1. Le chien, devant le portail, attend l'arrivée de son maître. 2. Que fait-il quand un passant, par imprudence, s'approche de la maison ? 3. Aboie-t-il ? Oui, certainement. Mord-il ? Sûrement pas. 4. Quand le maître revient, le chien, très content, remue la queue.

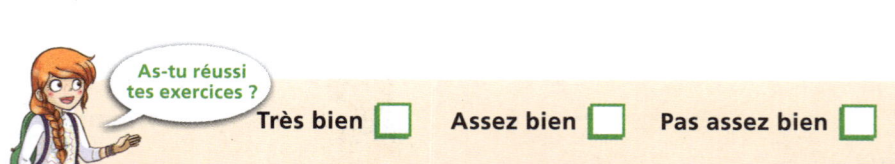

As-tu réussi tes exercices ?

Très bien ☐ Assez bien ☐ Pas assez bien ☐

20 L'accord de l'adjectif et du participe passé

J'observe et je retiens

■ L'**adjectif** s'accorde en **genre** et en **nombre** avec le nom qu'il accompagne.

Exemple Regarde ces **beaux** oiseaux.
           masc. plur.   masc. plur.

Ils nichent sur les **hautes** branches.
                     fém. plur. fém. plur.

■ Le **participe passé** employé seul s'accorde comme un **adjectif**.

Exemple Les feuilles **secouées** par le vent
            fém. plur. fém. plur.

tombent sur la chaussée **mouillée**.
           fém. sing.   fém. sing.

Je m'entraîne

1 ★ **Accorde les adjectifs avec les noms soulignés.**

1. Je n'aime pas les (long) _____ soirées d'hiver. 2. Une foule (nombreux) _____ attend l'arrivée des coureurs. 3. C'est une écolière (attentif) _____ et (sérieux) _____.

2 ★ **Souligne les noms et accorde les adjectifs.**

1. Il a les cheveux raide___ et dru___. 2. Il porte une joli___ petit___ moustache noir___. 3. Ses yeux noir___ brillent comme d'énorme___ diamants. 4. Ses mains sont grand___ et potelé___. 5. Ses traits sont fin___, mais très net___.

3 ★★ **Complète les phrases en utilisant les adjectifs suivants :** *chaud – jauni – petit – luisant – strident – noir*.

1. Les _____ nuits d'été, on peut apercevoir dans l'herbe _____ de _____ vers _____. 2. Les cris _____ des grillons _____ attirent parfois notre attention.

4 ★★★ **Accorde les participes passés avec les mots soulignés.**

1. Jette ce jouet (cassé) _____. 2. Les renards (affamé) _____ parcourent la campagne. 3. (Fatigué) _____, elles s'endorment. 4. Les voiliers (poussé) _____ par le vent avancent vite.

5 ★★★ **Accorde les participes passés.**

1. Maëva a mis son écharpe bariolé___, ses chaussettes rayé___ et ses grosses chaussures fourré___. 2. Elle a posé son bonnet sur sa tête bouclé___. 3. Elle avance d'un pas prudent sur la piste gelé___, les mains crispé___ sur ses bâtons. 4. Son frère, enchanté___, commence à patiner. 5. Affolé___, elle lui demande de s'arrêter.

As-tu réussi tes exercices ?

Très bien ☐   Assez bien ☐   Pas assez bien ☐

21 Les accords dans le groupe nominal

J'observe et je retiens

■ Dans un groupe nominal, le **déterminant** et l'**adjectif** s'accordent en **genre** et en **nombre** avec le **nom** qu'ils accompagnent.
Exemple Une journée ensoleillée (féminin sing.)
Des journées ensoleillées (féminin plur.)

■ Quand le nom est accompagné de **plusieurs adjectifs**, chacun d'entre eux s'accorde avec le nom.
Exemple
De belles journées ensoleillées.
  ↑   ↑   ↑
fém. plur. fém. plur.   fém. plur.

Je m'entraîne

1 ★ **Récris chaque groupe nominal en mettant le nom au pluriel.**

1. Une ville touristique : _____
2. Un paysage désertique : _____
3. La rue piétonne : _____

2 ★★ **Accorde les adjectifs entre parenthèses.**

Le long des (nombreux) _____ côtes (français) _____, on peut découvrir de (large et long) _____ plages de sable (fin) _____, de (haut) _____ falaises (escarpé) _____ où nichent de (multiple) _____ variétés d'oiseaux (marin) _____, d'(immense) _____ étendues de galets aux formes (divers) _____. L'été, des touristes (oisif) _____ se pressent sur ces plages (sablonneux) _____ ; de (grand) _____ embarcations aux voiles (multicolore) _____ mouillent au pied de ces falaises (abrupte) _____. De (nombreux) _____ vacanciers parcourent les plages à la recherche de (petit) _____ coquillages (original) _____.

3 ★★★ **Récris les groupes nominaux en mettant les mots soulignés au pluriel.**

1. Une grande <u>cascade</u> scintillante alimente un petit <u>lac</u> limpide.
→ _____ alimentent _____.

2. Un étroit <u>chemin</u> escarpé descend vers la vaste <u>plage</u> ensoleillée.
→ _____ descendent _____.

3. Un jeune <u>animal</u> farouche bondit sur le haut <u>rocher</u> dentelé.
→ _____ bondissent _____.

Pour l'adulte
Dictez des noms communs à l'enfant, en variant le genre et le nombre. Demandez-lui d'ajouter un ou plusieurs adjectifs.

As-tu réussi tes exercices ?
Très bien ☐   Assez bien ☐   Pas assez bien ☐

22 Les accords dans la phrase

J'observe et je retiens

■ Le **verbe** s'accorde en **nombre** avec le **mot essentiel du groupe sujet**.

Exemple Le petit **chien** marron de mes voisins **s'approche** de sa gamelle.
　　　　　　　　　masc. sing.　　　　　　　　　　verbe à la 3ᵉ pers. du sing.

■ Les **déterminants** et les **adjectifs** s'accordent en **genre** et en **nombre** avec le nom.

Exemple mes chaton**s** craintif**s** et apeuré**s**
　　　　　　masc. plur.　masc. plur.　masc. plur.

Je m'entraîne

1 ★ **Souligne le mot essentiel du groupe sujet et accorde les verbes au présent.**

1. Le beau bateau aux voiles multicolores quitt___ le port et se dirig___ vers le large.
2. Des marins agiles et décidés grimp___ aux cordes et hiss___ les voiles.

2 ★ **Observe les flèches et fais les accords nécessaires.**

1. Les mouette___ hardi___ et criard___ interpell___ les courageu___ marin___.
2. Secoué___ par les forte___ rafale___ d'une bise glacial___, les voile___ mal attaché___ claqu___.

3 ★★ **Récris les phrases en mettant les mots soulignés au pluriel. Fais les accords nécessaires.**

1. Irrité par le bruit, mon <u>voisin</u> se met en colère et réprimande le gêneur.

2. La dernière <u>skieuse</u> attentive et impatiente s'apprête à s'élancer.

4 ★★★ **Récris les phrases en mettant les mots soulignés au singulier. Fais les accords nécessaires.**

1. Ces <u>garçons</u> se croient plus intelligents parce qu'ils sont plus grands.

2. Ces gros <u>nuages</u> noirs n'annoncent pas du beau temps.

As-tu réussi tes exercices ? Très bien ☐　Assez bien ☐　Pas assez bien ☐

23 L'accord du participe passé avec *être* et *avoir*

J'observe et je retiens

■ Le **participe passé** d'un verbe employé **avec l'auxiliaire *être*** s'accorde en genre et en nombre avec le sujet du verbe.
Exemple Mes voisins sont partis ce matin en vacances. Ils sont allés dans le sud de la France.

■ Le plus souvent, le **participe passé** d'un verbe employé **avec l'auxiliaire *avoir*** ne s'accorde pas avec le sujet.
Exemple Les vacanciers ont apprécié. Tous les jours, ils ont pu se baigner.

Rappelle-toi : *être* → accord avec le sujet ; *avoir* → pas d'accord.

Je m'entraîne

1 ★ **Complète les pointillés avec les groupes sujet suivants :** *mon frère et ma sœur – mes deux sœurs – ma cousine – mon oncle*.

1. _____ est revenu. 2. _____ sont revenues. 3. _____ sont revenus. 4. _____ est revenue.

2 ★ **Récris les phrases.**

1. Les garçons sont arrivés trop tôt. → Les filles _____
2. Mes cousines sont parties en excursion. → Mes cousins _____

3 ★★ **Barre le participe passé qui n'est pas écrit correctement.**

1. Les oiseaux ont **piaillés/piaillé** toute la nuit sous ma fenêtre.
2. Les comédiennes ont **reçu/reçues** leurs nouveaux costumes.
3. Les lions ont **rugis/rugi** pendant le spectacle.

4 ★★ **Complète les phrases avec le participe passé des verbes donnés.**

1. Ils ont (finir) _____ par gagner le match. 2. Nous avons (apercevoir) _____ un vol de cigognes. 3. Les filles ont (jouer) _____ une pièce de théâtre.

5 ★★★ **Accorde les participes passés.**

1. Une foule nombreuse est venu___ assister au spectacle. 2. Soudain, les lumières se sont éteint___. 3. Les trois coups ont retenti___. 4. Immédiatement, les spectateurs se sont tu___. 5. Le rideau s'est levé___. 6. Les projecteurs se sont braqué___ au centre de la scène. 7. Les acteurs sont entré___. 8. Ils ont commencé___ à jouer.

Pour l'adulte
L'accord du participe passé avec le complément d'objet placé avant le verbe sera étudié au collège.

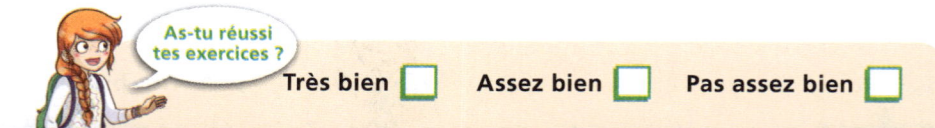

As-tu réussi tes exercices ?

Très bien ☐   Assez bien ☐   Pas assez bien ☐

24 Infinitif en -er ou participe passé en -é ?

J'observe et je retiens

■ Un **verbe en -er à l'infinitif** peut être remplacé par l'infinitif d'un verbe qui ne se termine pas en -er, comme *finir, faire*, etc.

Exemple Cette sportive vient de **réaliser** *(faire)* un véritable exploit.

■ Le **participe passé en -é** peut être **remplacé** par le participe passé d'un verbe qui ne se termine pas en -er comme *fini, fait*, etc.

Exemple Sa course **terminée** *(finie)*, elle prend une douche.

Après **une préposition** (*à, de, en, par...*) le verbe s'écrit à **l'infinitif**.
Ex. : *Il vient de terminer sa course.*

Je m'entraîne

1 ★ **Remplace les verbes soulignés par un verbe qui ne se termine pas en -er.**

1. Mes parents pensent déménag____ (_____) cette année. 2. On va sûrement habit____ (_____) dans la région parisienne. 3. Ils viennent de me l'annonc____ (_____) à l'instant.

2 ★ **Remplace les verbes soulignés par le participe passé d'un verbe qui se termine pas en -er, puis écris la terminaison.**

1. Cet hôtel situ____ (_____) au bord de la mer attire de nombreux touristes. 2. Allong____ (_____) sur le sable chaud, un vacancier bronze. 3. Son jeune fils, agenouill____ (_____) sur la plage, construit un château de sable. 4. Un bateau, amarr____ (_____) près du rivage, tangue.

3 ★★ **Relie comme il convient.**

1. Mes voisins ont •
2. Ma sœur est en train de •
3. Nous avons •
4. Nous devons •
5. Papa est décidé à •

• changé de voiture.

• changer de voiture.

4 ★★★ **Complète avec -é ou -er.**

1. Je m'appelle Maëlys. Très jeune, j'ai aim____ l'école. 2. Tous les matins, je partais étudi____ avec beaucoup de plaisir. 3. J'ai pass____ de merveilleuses années dans les salles de classe. 4. Intéress____, j'ai écout____ mes professeurs avec beaucoup d'attention. 5. Je voulais assimil____ le plus grand nombre de connaissances. 6. Souvent le soir, à la fin des cours, attir____ par son savoir, j'aimais pass____ quelques instants avec ma maîtresse.

As-tu réussi tes exercices ?   Très bien ☐   Assez bien ☐   Pas assez bien ☐

25 Le féminin des noms

J'observe et je retiens

■ En règle générale, on forme le **féminin** des noms **en ajoutant un -e** au nom masculin.
Exemple Les **concurrents** sont prêts. → Les **concurrentes** sont prêtes.

■ Au féminin, certains noms **doublent la consomme finale** ou **changent leur terminaison** (-*teur* → **-*trice*** ; -*eur* → **-*euse***).
Exemples
1 Un **champion** est engagé dans cette épreuve. → Une **championne** est engagée dans cette épreuve.
2 Le **directeur** de course donne le départ. → La **directrice** de course donne le départ.

■ Certains noms féminins sont **différents** du nom masculin.
Exemple Un **cheval** marron gagne l'épreuve. → Une **jument** marron gagne l'épreuve.

Je m'entraîne

1 ★ **Complète les phrases en utilisant le féminin des noms suivants :** *ami – inconnu – marié – gamin – président – employé*.

1. L'_____ de ma sœur s'appelle Lucie. 2. Une _____ a frappé à ma porte.
3. La _____ dirige le cortège au bras de son père. 4. Cette _____ adore le théâtre.
5. La _____ prononce un discours. 6. C'est une _____ modèle.

2 ★ **Écris le féminin des groupes nominaux soulignés. Si tu hésites, utilise un dictionnaire.**

1. L'aviateur (_____) s'installe aux commandes.
2. Le lion (_____) attrape sa proie.
3. Ce bon citoyen (_____) vote à toutes les élections.
4. Les parieurs (_____) viennent sur les champs de course.

3 ★★ **Donne le féminin des animaux suivants. Utilise un dictionnaire.**

1. Un coq → _____   2. Un taureau → _____   3. Un tigre → _____
4. Le canard → _____   5. Le bouc → _____   6. Le cerf → _____
7. Un mouton → _____   8. Un singe → _____   9. L'âne → _____

4 ★★★ **Écris au féminin les groupes nominaux soulignés.**

1. Dimanche dernier, mon oncle (_____) m'a amené sur un hippodrome. 2. Mon voisin (_____) portait un chapeau. 3. J'ai été étonné de voir autant de trotteurs (_____) au départ des courses. 4. Les habitués (_____) suivent les courses avec des jumelles.
5. Le champion (_____) a dominé la course de bout en bout.

As-tu réussi tes exercices ?   Très bien ☐   Assez bien ☐   Pas assez bien ☐

26 Le pluriel des noms

J'observe et je retiens

■ En règle générale, on forme le **pluriel** des noms en ajoutant un **-s** au nom singulier.
Exemples Mes parent**s** ont invité leurs ami**s** à manger.

■ Les noms terminés par **s, x, z** au singulier **ne changent pas au pluriel**.
Exemple Nous avons ramassé des noi**x** pour le dessert.

■ Les noms terminés par **-ou** prennent un **-s** au pluriel **sauf** : *bijou – caillou – hibou – joujou – pou – chou – genou* qui prennent un **-x**.
Exemples Pour les recevoir, maman a mis tous ses bijou**x**. Moi, je leur ai fait des bisou**s**.

Je m'entraîne

1 ★ Écris les noms au pluriel.
1. Une erreur → _____ 2. Un ami → _____ 3. Une poupée → _____
4. Un ballon → _____ 5. Une année → _____ 6. Un jouet → _____

2 ★ Écris les noms soulignés au pluriel si c'est nécessaire.
1. Brusquement, toutes les <u>tête</u> _____ se dressent et scrutent la <u>pelouse</u> _____. 2. Les <u>joueur</u> _____ rentrent sur le <u>terrain</u> _____. 3. Les <u>arbitre</u> _____ se mettent à l'écart. 4. Les <u>spectateur</u> _____ applaudissent à tout rompre. 5. Soudain, c'est le <u>silence</u> _____. 6. Les deux <u>équipe</u> _____ sont présentées aux <u>officiel</u> _____. 7. Les <u>hymne</u> _____ nationaux sont joués par la <u>fanfare</u> _____. 8. Les <u>personnalité</u> _____ regagnent leur <u>place</u> _____.

3 ★★ Écris les noms entre parenthèses au pluriel.
1. Maman a cuisiné des (perdrix) _____. 2. Les (souris) _____ ont mangé le fromage. 3. Les (repas) _____ sont servis par les élèves de l'école hôtelière. 4. Les (gaz) _____ d'échappement des voitures polluent la planète.

4 ★★ Complète les phrases avec les noms suivants au pluriel : *mère – caillou – trou – bisou – sou – bijou – hibou – verrou*.
1. Dimanche prochain, c'est la fête des _____. 2. J'ai fabriqué un collier avec de petits _____ auxquels papa a fait des _____. 3. Je l'offrirai à maman. Elle me fera de gros _____. 4. Si j'avais eu beaucoup de _____, je lui aurai offert des _____. 5. Mon frère lui a acheté une collection de _____.
6. Elle les rangera dans son placard qui est fermé par des _____.

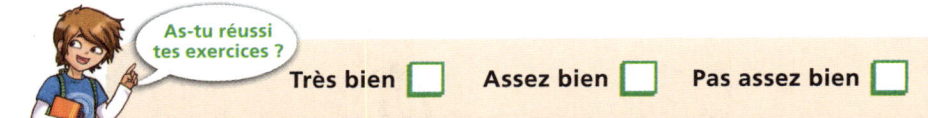

As-tu réussi tes exercices ?   Très bien ☐   Assez bien ☐   Pas assez bien ☐

27 Le pluriel des noms en -eu, -eau, -au et -ail

J'observe et je retiens

■ Les noms terminés par *-eu*, *-eau* et *-au* prennent un *-x* au pluriel sauf *landau, pneu, bleu* et *lieu* (le poisson) qui prennent un *-s*.

Exemples Les pneu**s** et les boy**aux** de mon VTT sont usés. Mes nev**eux** effectueront le remplacement.

■ Les noms terminés par *-ail* prennent un *-s* au pluriel sauf *émail, soupirail, corail, travail, vitrail* qui ont un pluriel en *-aux*.

Exemples Quand ils auront terminé les trav**aux**, nous inspecterons le vélo dans les moindres détail**s**.

Je m'entraîne

1 ★ Écris les noms au pluriel.

1. Un radeau → _____
2. Un feu → _____
3. Un tuyau → _____
4. Un agneau → _____
5. Un préau → _____
6. Une eau → _____

2 ★ Écris les noms soulignés au pluriel.

1. Ce soir, nous sommes invités chez mes neveu____. 2. Leur maison située au bord de l'eau est entourée de canau____ et de bateau____. 3. Ces deux tourtereau____ ont agrandi leur famille de jumeau____. 4. Les nouveau-nés ont beaucoup de cheveu____. 5. Dans le jardin, deux landau____ attendent qu'on leur change les pneu____. 6. Les jumeau____ ont reçu beaucoup de cadeau____. 7. Nous terminons le repas avec de délicieux gâteau____. 8. Nous mettons les enfants au lit et jouons à des jeu____ de société.

3 ★★ Écris les noms au pluriel.

1. Un chandail → _____
2. Un travail → _____
3. Un rail → _____
4. Du corail → _____
5. Un détail → _____
6. Un éventail → _____

4 ★★★ Écris les noms entre parenthèses au pluriel.

1. Comme cette grande bâtisse est belle ! Des (travail) _____ de restauration sont en cours. 2. De grands (portail) _____ en bois séparent la maison d'habitation de la grange. 3. On peut voir, à gauche, de larges (soupirail) _____ et à droite, une petite chapelle avec de beaux (vitrail) _____. 4. Sur les murs des (émail) _____ décorent cet ensemble très austère. 5. Au loin, dans un champ, d'énormes (épouvantail) _____ fabriqués avec de vieux (chandail) _____ font fuir les oiseaux.

28 A – à • ou – où

J'observe et je retiens

■ « A » ou « à » ?
- **A** : 3ᵉ personne du singulier du verbe **avoir** au présent.
- **À** : mot **invariable**.

> A peut être remplacé par *avait*.
> À ne peut pas être remplacé par *avait*.

Exemple Manon **a** (*avait*) appris un beau poème. Elle le récite **à** (*avait*) son frère.

■ « Où » ou « ou » ?
- **Où** : avec accent, indique le **lieu**, l'**endroit**.
- **Ou** : sans accent indique un choix.

> Ou peut être remplacé par *ou bien*.

Exemple Ce soir, **où** (*à quel endroit ?*) veux-tu aller ? J'irai au cinéma **ou** (*ou bien*) au théâtre ?

Je m'entraîne

1 ★ **Complète par *a* ou *à*. Justifie ta réponse en écrivant *avait* ou ~~avait~~ entre parenthèses.**

1. Papy ___ (_____) acheté un fer ___ (_____) repasser. 2. ___ (_____) la campagne, le matin, je dors ; l'après-midi, je vais ___ (_____) la pêche. 3. Mamie ___ (_____) préparé des pâtes ___ (_____) la carbonara. 4. Souvent, nous allons ___ (_____) la piscine. Maman nous apprend ___ (_____) nager. Elle ___ (_____) beaucoup de patience.

2 ★ **Complète par *ou* ou par *où*. Justifie ta réponse en écrivant soit *ou bien* soit ~~ou bien~~.**

1. Léa _____ (_____) es-tu ? Rentre vite ! Il va pleuvoir ! 2. Prends ton parapluie _____ (_____) mets ton anorak ! 3. D'_____ (_____) je suis, je ne distingue pas s'il pleut _____ (_____) s'il neige.

3 ★★ **Complète par *a* ou *à*.**

1. Son parrain ___ offert des patins ___ roulettes ___ Camille pour son anniversaire. 2. Il ___ bien de la chance ! 3. Chaque fois qu'il le peut, Camille va ___ l'école avec. 4. Au début, il ___ tâtonné, il ___ même eu quelques accidents. 5. Maintenant, il ___ pris de l'assurance. 6. Descendre la rue devant notre maison ___ toute vitesse ne lui fait plus peur. 7. Son sourire ___ son retour nous dit qu'il est heureux.

4 ★★★ **Complète par *ou* par *où*.**

1. _____ habites-tu ? À Paris _____ en banlieue ? 2. Partirez-vous en vacances en juillet _____ en août ? 3. _____ irez-vous ? 4. À la mer _____ à la montagne ? 5. Nous irons dans le village _____ mes parents sont nés. 6. Deux _____ trois jours après mon arrivée, je t'écrirai _____ je te téléphonerai. 7. De la maison _____ nous serons, nous partirons en randonnée pédestre _____ en VTT.

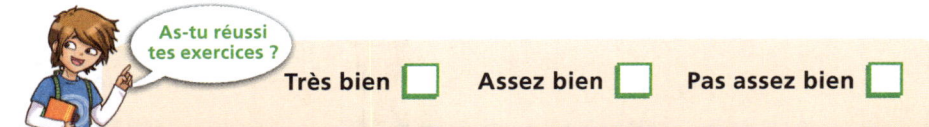

29 Et – est • son – sont

J'observe et je retiens

■ « Est » ou « et » ?
- **Est** : 3ᵉ personne du singulier du verbe **être** au **présent**.
- **Et** : mot **invariable**.

Est peut être remplacé par *était*.
Et peut être remplacé par *et puis* ou *et aussi*.

Exemple Elle **est** (*était*) partie à la montagne.
Elle adore faire du ski **et** (*et puis*) du snowboard.

■ « Son » ou « sont » ?
- **Son** : déterminant.
- **Sont** : 3ᵉ personne du pluriel du verbe **être**.

Son peut être remplacé par *mon*.
Sont peut se remplacer par *étaient*.

Exemple Les photos de **son** (*mon*) anniversaire **sont** (*étaient*) réussies.

Je m'entraîne

1 ★ **Complète par** *est* **ou** *et*. **Justifie ta réponse en écrivant** *était* **ou** *et puis* **entre parenthèses.**

1. Nicolas _____ (_____) mon ami _____ (_____) il me défend toujours.
2. Il _____ (_____) trapu _____ (_____) très fort. 3. Avec lui, on _____ (_____) en sécurité. 4. Il _____ (_____) aimé _____ (_____) respecté par tous ses copains.

2 ★ **Complète par** *son* **ou** *sont*. **Justifie ta réponse en écrivant** *mon* **ou** *étaient* **entre parenthèses.**

1. Ils _____ (_____) revenus plus tard que prévu. 2. Kevin range _____ (_____) vélo.
3. Julie et _____ (_____) frère se _____ (_____) perdus en forêt. 4. Ses amis _____ (_____) heureux de _____ (_____) succès.

3 ★★ **Écris** *est* **ou** *et*.

1. Le cyclisme sur route _____ à la fois un loisir _____ un sport. 2. Il _____ pratiqué par des amateurs _____ par des professionnels. 3. C'_____ un sport individuel _____ un sport d'équipe. 4. L'épreuve reine _____ le Tour de France. 5. C'_____ un sport très exigeant. 6. Un bon coureur cycliste doit être véloce _____ endurant. 7. Ce champion _____ puissant _____ fin tacticien.

4 ★★★ **Écris** *son* **ou** *sont*.

1. Au début du printemps, papa entretient _____ jardin. 2. C'est _____ passe-temps favori. 3. Les mauvaises herbes _____ arrachées à la main. 4. Toutes les plantes _____ taillées avec minutie. 5. Autour de la maison, les rosiers _____ en fleur. 6. Leurs fleurs _____ très belles et _____ très parfumées. 7. _____ mimosa illumine tout le quartier. 8. _____ voisin lui dit toute _____ admiration. 9. Dans le jardin potager, les salades et les radis _____ bien avancés. 10. Les fraises _____ déjà toutes rouges.

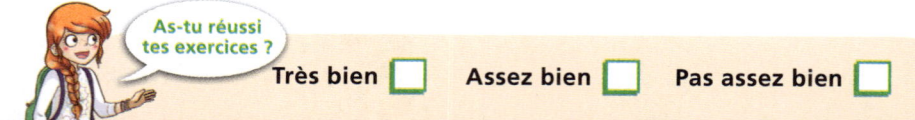

30 On – on n' – ont

J'observe et je retiens

■ **On** : pronom personnel sujet.

> *On* peut être remplacé par *il*.

Quand il y a une négation après le verbe (pas, jamais, plus, rien, personne, etc.) on écrit **on n'**.

Exemple **On** (*il*) a pris des photos, mais **on n'**a **pas** pu photographier l'intérieur de la grotte.

■ **Ont** : forme conjuguée du verbe *avoir*.

Exemple Cette année, les enfants **ont** (*avaient*) une maîtresse.

> *Ont* peut être remplacé par *avaient*.

Je m'entraîne

1 ★ **Mets les phrases au pluriel.**

1. Ce singe a une grande agilité. → _____
2. Cette informaticienne a une grande expérience. → _____
3. Le funambule a séduit les spectateurs. → _____

2 ★★ **Remplace *il* par *on*.**

1. Il veut toujours bronzer. → _____
2. A-t-il des compétences en informatique ? → _____

3 ★★ **Transforme les phrases en phrases négatives.**

1. On a besoin de se reposer. → _____
2. On a envie de partir à la plage. → _____
3. On a beaucoup de choses à vous dire. → _____

4 ★★ **Complète par *on* ou *on n'*.**

1. Aujourd'hui, _____ a bien compris la consigne. 2. _____ sait tout, _____ a plus rien à apprendre. 3. _____ a jamais douté de notre réussite. 4. _____ a apprécié votre spectacle, néanmoins _____ a pas que des compliments à vous faire.

5 ★★★ **Complète par *on* ou *ont*. Justifie ta réponse en écrivant *il* ou *avaient* entre parenthèses.**

1. _____ (_____) a le droit de visiter le musée. 2. Les enfants _____ (_____) fait de nombreux croquis. 3. Ils _____ (_____) écouté attentivement les commentaires du guide. 4. _____ (_____) leur a distribué des cartes postales.

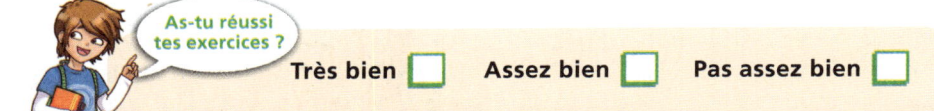

As-tu réussi tes exercices ? Très bien ☐ Assez bien ☐ Pas assez bien ☐

31 Ce – se – s'

J'observe et je retiens

■ « Ce » ou « se » ?
- **Ce**, devant un nom, est un **déterminant**.
- **Se** est un pronom personnel placé devant un verbe.

Exemples
1. **Ce** (le) singe est gourmand.
2. Il **se** (je me) régale avec des bananes.

- Devant un verbe commençant par une voyelle, se (**pronom personnel**) s'écrit **s'**.

Exemple Il **s'**élance de branche en branche.

*Ce peut être remplacé par le, mon, ton…
Se peut être remplacé par me, te.*

Je m'entraîne

1 ★ **Indique si le mot souligné est un nom ou un verbe, puis écris ce ou se.**

1. L'avion _____ pose (_____) sur la piste. 2. _____ travail (_____) est très fatigant. 3. Attrape _____ jouet (_____) et donne-le-moi. 4. Il _____ promène (_____) dans la forêt. 5. La jument _____ repose (_____) dans la prairie. 6. _____ camion (_____) fait beaucoup de bruit.

2 ★★ **Complète par ce ou se.**

1. _____ matin, Chloé et Louna _____ lèvent de bonne heure. 2. Elles _____ précipitent dans la salle de bains et _____ préparent hâtivement. 3. _____ jour est, pour les deux sœurs, exceptionnel. 4. La joie _____ lit sur leur visage. 5. Elles _____ rendent chez leur tante qui habite près d'un lac. 6. Des maîtres nageurs assurent la sécurité de _____ plan d'eau. 7. Aussi, _____ soir dès leur arrivée, elles _____ baigneront si le temps le permet.

3 ★★ **Complète par se ou s'.**

1. João _____ promène dans la forêt. 2. Soudain, il y a un bruit, il _____ retourne et aperçoit un oisillon au pied d'un buisson. 3. Il _____ arrête et _____ approche lentement. 4. Il _____ accroupit, prend le petit animal dans ses mains, _____ relève et _____ éloigne en le caressant.

4 ★★★ **Complète par ce, se ou s'.**

1. _____ jeune garçon _____ intéresse à tout _____ qui touche à l'informatique. 2. Cette activité lui permet de _____ détendre, de _____ divertir mais aussi de _____ instruire. 3. Pendant que ses copains _____ amusent sur _____ terrain vague, il _____ met devant son ordinateur. 4. Il _____ connecte à Internet et _____ rend sur ses sites préférés. 5. _____ soir, comme d'habitude, il _____ trouve encore devant l'écran.

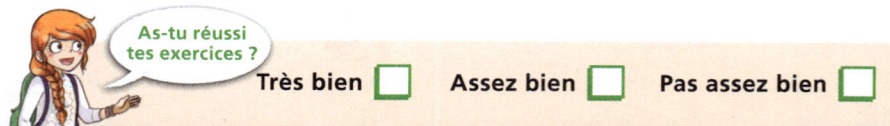

As-tu réussi tes exercices ?   Très bien ☐   Assez bien ☐   Pas assez bien ☐

LIVRET DÉTACHABLE
Corrigés

Français CM1

• Une fois les exercices terminés, l'enfant consultera les **corrigés**. Dans un premier temps, il faudra s'assurer qu'il a compris la **cause de son erreur** ; si ce n'est pas le cas votre aide lui sera précieuse.

• Ensuite, à la fin de chaque page, **l'enfant s'auto-évaluera** en répondant à la question **« As-tu réussi tes exercices ? »** et en cochant la case correspondant à ses résultats.
– Si la majorité des exercices est juste, l'enfant cochera la case « Très bien ».
– S'il a à peu près autant d'exercices justes que d'exercices faux, il indiquera « Assez bien ».
– S'il a plus d'exercices faux que d'exercices justes, il cochera la case « Pas assez bien ».

Grâce à cette petite rubrique, l'enfant apprendra à évaluer son travail et à progresser sans jamais se décourager. S'il a coché la case « Pas assez bien », rassurez-le en lui disant que l'essentiel n'est pas le résultat mais la compréhension des erreurs commises.

GRAMMAIRE

1. Les types de phrases

1 1. Interrogative 2. Impérative 3. Déclarative.

2 1. Les aigles sont-ils protégés ? 2. Cette espèce animale est-elle très rare ? 3. Les rapaces dorment-ils le jour ?

3 1. Ne fais pas de bruit. *ou* Ne faites pas de bruit. 2. Approche-toi du nid. *ou* Approchez-vous du nid. 3. Ouvre grand tes yeux et regarde. *ou* Ouvrez grand vos yeux et regardez. 4. Surtout, ne touche pas les œufs. *ou* Surtout, ne pas touchez les œufs.

4 **Phrases interrogatives :** 1. Me photographie-t-il ? 2. Le filmez-vous ? 3. Le lui raconte-t-il ?
Phrase impérative : 1. Photographie-moi. 2. Filmez-le. 3. Raconte-le-lui.

2. Les formes de phrases

1 1. Bricoler à la maison n'est pas mon passe-temps favori. 2. Ne faut-il pas toujours pratiquer un sport ? 3. N'éteins pas ton ordinateur.

2 1. Je ne collectionne plus les timbres. 2. Je ne vais jamais visiter des musées. 3. Je ne vais offrir ces fleurs à personne. 4. Je n'ai rien à te donner. 5. Je n'ai pas retrouvé ton mot de passe.

3 Phrases à souligner : 3. et 5.

4 1. Quelle 2. Que 3. Quel 4. Qu' 5. Qu'.

5 1. admiration 2. surprise 3. peur 4. joie 5. colère.

3. Identifier le sujet (1)

1 1. C'est <u>le goal</u> qui détourne le ballon en corner. 2. Ce sont <u>ses équipiers</u> qui l'applaudissent. 3. Ce sont <u>les supporteurs</u> qui poussent des cris de joie.

2 1. Qu'est-ce qui annonce le printemps ? Le retour des hirondelles. 2. Qui est-ce qui embellissent les rives du canal ? Les jonquilles. 3. Qui est-ce qui construisent un nid ? Le merle et la merlette.

3 1. notre maître 2. Léa 3. elle 4. Le *Corail* 5. De nombreux employés 6. la mer Méditerranée 7. sa sœur 8. Lucie et son frère Mathis 9. Mathis 10. Les poules et les canards.

4 **Noms propres :** Léa ; Le *Corail* ; Mathis. **Groupes nominaux :** notre maître ; de nombreux employés ; la mer Méditerranée ; sa sœur ; Lucie et son frère Mathis ; les poules et les canards. **Pronoms personnels :** elle.

4. Identifier le sujet (2)

1 1. C'est <u>un avion</u> qui passe au-dessus de nous. 2. Ce sont <u>des parachutistes</u> qui atterrissent dans le pré.

2 1. Qui est-ce qui passe devant l'école ? Monsieur le maire. 2. Qui est-ce qui disent « Bonjour » en chœur ? Les enfants.

3 1. les passants affolés 2. des badauds.

4 1. Qui est-ce qui menace de démâter ? Le bateau à voile. 2. Qui est-ce qui s'activent sans relâche sur le pont ? Les matelots.

5 1. <u>De nombreux satellites</u> 2. <u>Certains</u> 3. <u>Les ingénieurs de Météo France</u> 4. <u>la base de la fusée européenne</u> 5. <u>tous les lancements de la fusée Ariane</u> 6. <u>Les techniciens</u>.

5. Le complément d'objet

① 1. vrai 2. faux 3. vrai 4. faux.

② 1. Maxime. 2. les enfants 3. sa place.

③ 1. raconter des histoires (groupe verbal) 2. un nouveau poème (groupe nominal) 3. le (pronom).

④ 1. de 2. avec 3. par 4. sur 5. pour 6. sur 7. aux.

⑤ *Exemples de réponses* : 1. de jouer 2. les jeux informatiques 3. m'.

6. Les compléments circonstanciels

① *Exemples de réponses* : 1. Karim construit des avions miniatures pendant ses loisirs. 2. Il m'a offert, pour ma fête, sa plus belle maquette.

② Il faut souligner : 1. dans le jardin 2. Pendant ce temps 3. En fin de matinée ; avec leur papy ; sur la terrasse 4. Avant l'arrivée de leurs parents 5. Avec application ; sur la table.

③ 1. Rémi fêtera son anniversaire le week-end prochain.
2. Avec beaucoup d'affection, sa maman l'embrassera.
3. Avec son grand-père, il partagera son gâteau.
4. À la fin du repas, les invités distribueront les cadeaux.

④ *Exemples de réponses* : 1. En automne, les hirondelles sont nombreuses sur les fils électriques. 2. Les chiens aboient bruyamment quand les promeneurs passent. 3. Le soir, Leïla soigne son chat avec amour. 4. Avec son frère, il fait des recherches sur Internet.

7. Les déterminants possessifs et démonstratifs

① 1. Ce 2. Cet 3. cette 4. Ces 5. Ce, cette.

② 1. À qui appartient cette règle ? 2. Il viendra cet après-midi. 3. Qui a acheté cette console ? 4. Où range-t-on ces fiches ? 5. Peux-tu terminer ces exercices ?

③
	Masculin singulier	Féminin pluriel	Masculin pluriel	Féminin pluriel
à moi	Mon voisin	Ma voisine	Mes voisins	Mes voisines
à vous	Votre voisin	Votre voisine	Vos voisins	Vos voisines
à lui	Son voisin	Sa voisine	Ses voisins	Ses voisines
à eux	Leur voisin	Leur voisine	Leurs voisins	Leurs voisines

④ 1. mon ou notre amie 2. ses patins 3. tes lunettes 4. ses oisillons.

8. L'adjectif

① une mer houleuse ; un sommet pointu ; des plaines immenses ; des plantes piquantes.

② 1. Des planètes lointaines 2. Une étoile filante 3. Le coucher de soleil 4. Une nuit étoilée 5. Une éclipse de Lune 6. Un temps hivernal.

③ 1. Un temps estival 2. La vie terrestre 3. Un phénomène naturel 4. Une éclipse solaire.

④ 1. Un éclair brillant traverse brusquement le ciel obscur.
2. Des sentiers tortueux mènent au sommet de cette haute montagne escarpée.
3. Les lions repus se reposent sous l'épais feuillage d'un arbre gigantesque.

⑤ 1. Joyeux, cet enfant sourit.
2. Gentille, ma sœur a beaucoup d'amis.

9. Le complément du nom

① 1. Un satellite de la Terre 2. L'étoile du Berger. 4. La planète des singes 6. Une éclipse de Soleil.

② *Exemples de réponses* : 1. Un groupe d'amis 2. Une compagnie de théâtre 3. Une horde de sangliers 4. Une nichée de lapins.

③ 1. l'heure de partir 2. tes affaires de piscine ; la salle de bains 3. ton sac de sport ; le coffre de la voiture 4. le temps d'attendre ; le cours de natation 5. au restaurant de la gare 6. au cinéma du centre-ville ; un film de science-fiction.

④ 1. de la nuit (groupe nominal) ; d'une colline (groupe nominal) 2. d'une forêt de conifères (groupe nominal) ; en bois (groupe nominal) 3. de triomphe (groupe nominal) ; de son enfance (groupe nominal) 4. de joie (groupe nominal) 5. de ses vacances à la campagne (groupe nominal) 6. de rêver (verbe à l'infinitif).

10. Le groupe nominal

① 1. Un train 2. La voiture 3. Le code 4. Le camion 5. Une collection 6. Des véhicules.

② 1. forêt 2. pêcheurs 3. eaux 4. vol 5. sommet 6. routes.

③ 1. Le canot de sauvetage affronte une mer déchaînée. 2. Le pilote du navire a lancé un appel de détresse. 3. Un vent violent secoue l'embarcation aux voiles multicolores. 4. Les gros voiliers de croisière secourent les petits bateaux. 5. La vigilance de tous évite de nombreux naufrages.

④ *Exemples de réponses* :

GN complété par...	Un adjectif	Un groupe nominal
Un ami	Un grand ami	Un ami d'enfance
Un dessin	Un beau dessin	Un dessin d'enfant
Un jeu	Un jeu astucieux	Un jeu de société

11. Les pronoms personnels

① 1. nous 2. Il 3. Nous 4. Ils 5. ils 6. elle 7. il.

② 1. De multiples étoiles apparaissent dans la voie lactée. L'astronome les observe avec son télescope. 2. Ce savant a fait une importante découverte. Il la décrit dans une revue scientifique.

③ 1. l' : Matéo 2. le : l'automobiliste 3. l' : Matéo 4. le : Matéo 5. leur : l'automobiliste et sa passagère.

④ 1. Il les range. 2. Elle la lui lance.

12. Les conjonctions de coordination

① 1. Mon chien est beau et affectueux.
2. Léo est très rapide mais il est très maladroit.
3. Je suis très fâché car tu m'as caché la vérité.
4. Samedi, selon le temps, nous irons au stade ou au cinéma.
5. Il risque de faire très froid donc je prends ma veste.

② 1. ou (2 verbes) 2. et (deux adjectifs) 3. et (deux noms) 4. mais (deux adjectifs) 5. ou (deux verbes) 6. ou (deux noms)

③ 1. Je ne suis pas sorti aujourd'hui car il a plu toute la journée.
2. Liam n'a pas téléphoné à sa sœur mais il a beaucoup pensé à elle.
3. Adam a terminé ses devoirs donc il peut profiter de la piscine.

4. Le capitaine des bleus a marqué un bel essai et il a réussi la transformation.
5. Je viendrai vous voir ce soir ou je remettrai à demain si vous n'êtes pas libres.

13. Les adverbes

1 1. lentement → avance 2. vraiment → fatigué 3. assez → souvent.

2 1. <u>vite</u> → adverbe ; 2. <u>sympathique</u> → adjectif ; 3. <u>ronronne</u> → verbe ; 4. <u>agréables</u> → adjectif.

3 1. J'accepte **volontiers** ton invitation, **ensemble** nous profiterons de la piscine. 2. Nous habitons **ici**, près de la mer. **Là-bas**, les étés sont très chauds. 3. **Autrefois**, les gens se déplaçaient à pied, **maintenant** ils utilisent la voiture.

4 1. Ses résultats sont **vraiment** exceptionnels. 2. Ses notes sont <u>largement</u> au-dessus de la moyenne. 3. Il <u>travaille</u> <u>régulièrement</u>. 4. Ses résultats sont **plutôt** <u>moyens</u>. 5. Il pourrait **bien** <u>mieux</u> faire, en travaillant **plus** <u>régulièrement</u> 6. Il **mérite**, **néanmoins**, les encouragements.

14. La réduction de la phrase

1 1. Les étudiants font leurs recherches. 2. Les vacanciers ramassent des coquillages. 3. Tu dresseras la table.

2 1. Ce livre impressionne les enfants. 2. Une chanteuse donne un spectacle.

3 Cette plage attire des vacanciers. Des jeux occupent les touristes. Nous avons assisté à une compétition. Le bruit tranchait avec le calme. Un public avait envahi la plage.

15. L'expansion de la phrase

1 1. **Pendant son temps libre**, mon frère a **patiemment** apprivoisé une pie. 2. **Avec mes cousins**, nous avons construit **avec enthousiasme** un cabanon **près de la rivière**.

2 *Exemple de réponse* : Tous les soirs, à la salle polyvalente, le conteur captive son public avec ses belles histoires du passé.

3 1. Ce château **médiéval en ruine** domine la **profonde** vallée **de l'Ardèche**. 2. Les **nombreux** touristes **étrangers** visitent les **somptueux** jardins **du château de Versailles**.

4 *Exemples de réponses* : 1. Cette magnifique maison de campagne attire le regard des passants. 2. Ce jeu de société intéresse les jeunes enfants.

16. La ponctuation

1 Comme tous les matins, Léa met un quart d'heure avant de trouver son trousseau de clés, au milieu du fouillis, dans son cartable. Pourtant, elle préfère le ranger là ; elle le perdait trop souvent quand elle le mettait dans la poche de son manteau. Chez elle, il n'y a personne. Sa mère est partie au travail ; son père est allé rendre visite à ses parents.

2 1. Que de monde ! 2. Les plages sont envahies de touristes. 3. Veux-tu marcher jusqu'au port ? 4. C'est un trois-mâts. 5. Quel beau bateau ! 6. Connais-tu les propriétaires ?

3 « Quel bel après-midi ! » chantonne Laura en sortant de la maison. Un panier à la main, elle part ramasser des cerises. Elle veut faire un gâteau surprise à sa maman.
« Où vas-tu ? lui crie son frère Charly.
– Viens, je t'expliquerai en chemin. »
De retour à la maison, Laura rassemble les ingrédients : farine, sucre, beurre.
« C'est maintenant la partie la plus délicate, dit-elle. C'est mon premier gâteau. »

17. L'organisation du texte

1 *Les mots à entourer sont* : le 20 mai 1927 ; enfin ; vers le soir ; à l'aube le lendemain ; vers la fin de la journée ; la nuit était tombée ; à 22 heures 20.

2 D'abord – Ensuite – Vers seize heures – Enfin – Au retour.

3 a – c – d – b – g – e – f.

ORTHOGRAPHE

18. L'accord sujet/verbe (1)

1 1. jouent ; 2. joue ; 3. jouent ; 4. joue ; 5. joue ; 6. jouons.

2 1. <u>Les enfants</u> regard**ent** ; <u>Ils</u> se passionn**ent** ; 2. <u>Mon frère</u> déjeun**e** ; 3. <u>Quelques passantes</u> se promèn**ent** ; 4. <u>Des oiseaux</u> piaill**ent**.

3 1. Un ⬚équipage⬚ de six chevaux tourn**e** ; 2. Les ⬚numéros⬚ de dressage attir**ent** ; 3. Les ⬚acrobaties⬚ du trapéziste impressionn**ent** ; 4. La ⬚dresseuse⬚ de tigres entr**e** ; 5. Un ⬚trio⬚ de jongleurs présent**e** ; 6. Le plus ⬚jeune⬚ d'entre eux sembl**e**.

19. L'accord sujet/verbe (2)

1 1. Un chat se cache derrière les volets. 2. Des roseaux poussent au bord de l'étang.

2 1. vivent 2. s'installent 3. passent.

3 1. Les pêcheurs 2. Les arbres fruitiers.

4 1. tu la donnes 2. je te l'offre 3. elle me les envoie.

5 1. attend → Le chien 2. fait → il ; s'approche → un passant 3. Aboie → il ; Mord → il 4. revient → le maître ; remue → le chien.

20. L'accord de l'adjectif et du participe passé

1 1. longues 2. nombreuse 3. attentive et sérieuse.

2 1. Il a les <u>cheveux</u> raid**es** et dr**us**. 2. Il porte une jolie petit**e** mous<u>tache</u> noir**e**. 3. Ses <u>yeux</u> noir**s** brillent comme d'énormes <u>diamants</u>. 4. Ses <u>mains</u> sont grand**es** et potel**ées**. 5. Ses <u>traits</u> sont fin**s**, mais très net**s**.

3 1. chaudes ; jaunie ; petits ; luisants. 2. stridents ; noirs.

4 1. cassé 2. affamés 3. Fatiguées 4. poussés.

5 1. bariolée ; ray**ées** ; fourr**ées** 2. boucl**ée** 3. gelée ; crisp**ées** 4. enchanté 5. Affolée.

21. Les accords dans le groupe nominal

1 1. Des villes touristiques 2. Des paysages désertiques 3. Les rues piétonnes.

2 nombreuses ; françaises ; larges et longues ; fin ; hautes ; escarpées ; multiples ; marins ; immenses ; diverses ; oisifs ; sablonneuses ; grandes ; multicolores ; abruptes ; nombreux ; petits ; originaux.

3 1. De grandes cascades scintillantes alimentent de petits lacs limpides. 2. D'étroits chemins escarpés descendent vers les vastes plages ensoleillées. 3. De jeunes animaux farouches bondissent sur les hauts rochers dentelés.

22. Les accords dans la phrase

1 1. Le beau bateau aux voiles multicolores quitte le port et se dirige vers le large. 2. Des marins agiles et décidés grimpent aux cordes et hissent les voiles.

2 1. Les mouettes hardies et criardes interpellent les courageux marins. 2. Secouées par les fortes rafales d'une bise glaciale, les voiles mal attachées claquent.

3 1. Irrités par le bruit, mes voisins se mettent en colère et réprimandent le gêneur. 2. Les dernières skieuses attentives et impatientes s'apprêtent à s'élancer.

4 1. Ce garçon se croit plus intelligent parce qu'il est plus grand. 2. Ce gros nuage noir n'annonce pas du beau temps.

23. L'accord du participe passé avec *être* et *avoir*

1 1. Mon oncle 2. Mes deux sœurs 3. Mon frère et ma sœur 4. Ma cousine.

2 1. Les filles sont arrivées trop tôt. 2. Mes cousins sont partis en excursion.

3 1. piaillé 2. reçu 3. rugi.

4 1. fini 2. aperçu 3. joué.

5 1. venue 2. éteintes 3. retenti 4. tus 5. levé 6. braqués 7. entrés 8. commencé.

24. L'infinitif en *-er* ou le participe passé en *-é*

1 *Exemples de réponses :* 1. déménager (partir) ; 2. habiter (vivre) ; 3. l'annoncer (l'apprendre).

2 *Exemples de réponses :* 1. situé (construit) ; 2. Allongé (étendu) ; 3. agenouillé (assis) ; 4. amarré (parvenu).

3 1. changé 2. changer 3. changé 4. changer 5. changer.

4 1. aimé 2. étudier 3. passé 4. Intéressée ; écouté 5. assimiler 6. attirée ; passer.

25. Le féminin des noms

1 1. amie 2. inconnue 3. mariée 4. gamine 5. présidente 6. employée.

2 1. L'aviatrice 2. La lionne 3. Cette bonne citoyenne 4. Les parieuses.

3 1. Une poule 2. Une vache 3. Une tigresse 4. La cane 5. La chèvre 6. La biche 7. Une brebis 8. Une guenon 9. L'ânesse.

4 1. ma tante 2. Ma voisine 3. de trotteuses 4. Les habituées 5. La championne.

26. Le pluriel des noms

1 1. Des erreurs 2. Des amis 3. Des poupées 4. Des ballons 5. Des années 6. Des jouets.

2 1. têtes ; pelouse 2. joueurs ; terrain 3. arbitres 4. spectateurs 5. silence 6. équipes ; officiels 7. hymnes ; fanfare 8. personnalités ; place.

3 1. perdrix 2. souris 3. repas 4. gaz.

4 1. Mères 2. cailloux ; trous 3. bisous 4. sous ; bijoux 5. hiboux 6. verrous.

27. Le pluriel des noms en *-eu*, *-eau*, *-au* et *-ail*

1 1. Des radeaux 2. Des feux 3. Des tuyaux 4. Des agneaux 5. Des préaux 6. Des eaux.

2 1. neveux 2. canaux ; bateaux 3. tourtereaux ; jumeaux 4. cheveux 5. landaus ; pneus 6. jumeaux ; cadeaux 7. gâteaux 8. jeux.

3 1. Des chandails 2. Des travaux 3. Des rails 4. Des coraux 5. Des détails 6. des éventails.

4 1. travaux 2. portails 3. soupiraux ; vitraux 4. émaux 5. épouvantails ; chandails.

28. A • à – ou • où

1 1. Papy a (*avait*) acheté un fer à (*avait*) repasser. 2. À (*avait*) la campagne, le matin, je dors ; l'après-midi, je vais à (*avait*) la pêche. 3. Mamie a (*avait*) préparé des pâtes à (*avait*) la carbonara. 4. Souvent, nous allons à (*avait*) la piscine. Maman nous apprend à (*avait*) nager. Elle a (*avait*) beaucoup de patience.

2 1. où (*ou bien*) 2. ou (*ou bien*) 3. D'où (*ou bien*) ; s'il pleut ou (*ou bien*) s'il neige.

3 1. Son parrain a offert des patins à roulettes à Camille pour son anniversaire. 2. Il a bien de la chance ! 3. Chaque fois qu'il le peut, Camille va à l'école avec. 4. Au début, il a tâtonné, il a même eu quelques accidents. 5. Maintenant, il a pris de l'assurance. 6. Descendre la rue devant notre maison à toute vitesse ne lui fait plus peur. 7. Son sourire à son retour nous dit qu'il est heureux.

4 1. Où ; ou 2. ou 3. Où 4. ou 5. où 6. ou ; ou 7. où ; ou.

29. Et • est – son • sont

1 1. est (*était*) ; et (*et puis*) 2. est (*était*) ; et (*et puis*) 3. est (*était*) 4. est (*était*) ; et (*et puis*).

2 1. sont (*étaient*) 2. son (*mon*) 3. son (*mon*) ; sont (*étaient*) 4. sont (*étaient*) ; son (*mon*).

3 1. est ; et 2. est ; et 3. est ; et 4. est 5. est 6. et 7. est ; et.

4 1. son 2. son 3. sont 4. sont 5. sont 6. sont ; sont 7. Son 8. Son ; son 9. sont 10. sont.

30. On • on n' • ont

1 1. Ces singes ont une grande agilité. 2. Ces informaticiennes ont une grande expérience. 3. Les funambules ont séduit les spectateurs.

2 1. On veut toujours bronzer. 2. A-t-on des compétences en informatique ?

3 1. On n'a pas besoin de se reposer. 2. On n'a pas envie de partir à la plage. 3. On n'a pas beaucoup de choses à vous dire.

④ 1. on 2. On ; on n' 3. On n' 4. On ; on n'.

⑤ 1. On (Il) 2. ont (avaient) 3. ont (avaient) 4. On (Il).

31. Ce • se • s'

① 1. L'avion se pose (verbe) sur la piste. 2. Ce travail (nom) est très fatigant. 3. Attrape ce jouet (nom) et donne-le-moi. 4. Il se promène (verbe) dans la forêt. 5. La jument se repose (verbe) dans la prairie. 6. Ce camion (nom) fait beaucoup de bruit.

② 1. Ce ; se 2. se ; se 3. Ce 4. se 5. se 6. ce 7. ce ; se.

③ 1. se 2. se 3. s' ; s' 4. s' ; se ; s'.

④ 1. Ce ; s' ; ce 2. se ; se ; s' 3. s' ; ce ; se. 4. se ; se 5. Ce ; se.

32. Ces • ses • s'est • c'est

① 1. Ces 2. ses ; ses 3. ces 4. ses.

② 1. Ces cyclistes roulent à grande vitesse. 2. Ses poursuivants se rapprochent. 3. Ces équilibristes impressionnent le public. 4. Elle réalise sans hésiter ses numéros.

③ 1. Mon petit frère s'est absenté…
2. Maman ne s'est pas aperçue…

④ 1. C'est ; s'est 2. s'est ; s'est 3. s'est 4. s'est 5. C'est 6. C'est.

33. Les valeurs des lettres c et g

① 1. déplaçaient 2. avance 3. annoncions 4. remplaçons 5. reçu 6. espacèrent.

② 1. voltigeait 2. échangions 3. vous voyagiez 4. vendanger 5. déchargeons 6. rougit.

③ 1. guirlandes 2. bagarres 3. bague 4. Gustave 5. gommes 6. guenon 7. gagnant 8. vagues.

④ 1. gorge 2. maçon ; façade 3. cage 4. cigales 5. digue protège 6. cartable 7. géographie 8. race 9. Ce garçon.

34. Les noms féminins en -é, -té, -tié

① 1. la pensée 2. une jetée 3. la rangée 4. la rentrée 5. la nichée 6. une durée.

② 1. La simplicité ; la solidité ; la dictée ; la pauvreté.
2. L'amitié ; la curiosité ; la rapidité ; la jetée.
3. La pitié ; la montée ; la rareté ; la solidité.

③ 1. une antiquité 2. fierté 3. sensibilité 4. fragilité.

④ 1. la cuillerée 2. une bouchée 3. une poêlée 4. la matinée 5. une brassée 6. la poignée.

⑤ 1. la montée ; une curiosité 2. anxiété ; ma dictée 3. ma clé ; l'intégralité.

35. Les mots invariables

① 1. Mes frères aiment toujours les sports, mes cousins aussi.
2. Des rapaces planent longtemps, soudain ils plongent.
3. Pourquoi ces oiseaux chantent-ils tôt ?

Mots invariables : toujours, aussi, longtemps, soudain, pourquoi, tôt.

② Cependant – durant – voilà – vert – trop – malgré – ami – gant – aussi – comme – galop – bien.

③ 1. puis 2. donc 3. alors 4. parmi 5. voici 6. devant 7. ici 8. soudain 9. autour 10. lorsque 11. seulement 12. plusieurs 13. aussitôt 14. Longtemps.

④ 1. Quand 2. avec 3. Déjà 4. vraiment 5. Parfois 6. aussi.

CONJUGAISON

36. Le présent (1)

① 1. joue 2. salue 3. regardent 4. crient ; se préparent 5. plient 6. posent ; sautent.

② 1. dirige 2. rangeons 3. nageons 4. plongeons 5. partageons.

③ 1. Nous annonçons la prochaine course. 2. Nous avançons timidement vers la ligne de départ.

④ 1. bondit 2. choisis 3. remplis 4. finissons 5. gravissez 6. franchissent.

37. Le présent (2)

① 1. veux ; peux 2. est ; Êtes 3. es ; Peux 4. pouvons ; voulez 5. Veulent ; peuvent 6. Sont ; peuvent ; veulent.

② 1. vois ; vois ; a 2. Ai ; avons 3. a ; ai 4. Ont ; vois 5. voient ; ont 6. prévoient ; devons.

③ 1. Je veux ; Nous voulons 2. Tu peux ; Vous pouvez 3. Tu vois ; Vous voyez 4. Il a ; Elles ont 5. Je suis ; Nous sommes.

38. Le présent (3)

① 1. nous allons 2. vous dites 3. vous faites 4. tu viens 5. je prends 6. Il/elle/on vient.

② 1. elles redisent 2. vous parvenez 3. nous comprenons 4. il va 5. tu défais 6. je prédis.

③ 1. prends ; viens 2. prennent ; viennent 3. venons ; reprend 4. surprennent ; viennent 5. prenez ; revenons.

④ 1. viens → Vous venez 2. fais → Nous faisons 3. Dit → Dites-vous 4. apprend → Vous apprenez.

39. L'imparfait (1)

① 1. restais ; observais 2. jouaient 3. remuait ; rajoutait.

② 1. Ils logeaient dans un gîte rural. 2. Ils rêvaient d'amour.

③ 1. annonçait 2. rangions 3. avancions 4. commençait 5. agacions 6. changeait 7. élevait.

④ 1. remplissions 2. embellissais 3. envahissaient 4. ratissais 5. bondissait 6. ravissiez.

40. L'imparfait (2)

① 1. avais 2. étais 3. étions 4. aviez 5. pouviez 6. étions 7. étais 8. avais 9. avait 10. était 11. pouvais 12. était.

2 1. voyait 2. voulais 3. voyais ; voulais 4. voulaient 5. voyaient ; étaient 6. voulions 7. voulaient 8. voyiez 9. vouliez.

3 1. Je voulais ; Nous voulions 2. Étais-tu ; Étiez-vous 3. Avait-il ; Avaient-ils 4. Pouvais-tu ; Pouviez-vous 5. Elle revoyait ; Elles revoyaient.

41. L'imparfait (3)

1 1. Nous allions à la montagne. 2. Ils/elles prenaient le tire-fesses. 3. Tu descendais une piste noire. 4. Il/elle/on devenait un vrai champion. 5. Vous refaisiez inlassablement les mêmes gestes. 6. Tu allais de plus en plus vite.

2 1. faisais ; disais 2. interdisait ; redisait 3. faisais ; disait 4. contredisions 5. refaisiez 6. disais ; faisions.

3 1. J'apprenais ; Nous apprenions 2. Tu venais ; Vous veniez 3. Elle disait ; Elles disaient 4. J'allais ; Nous allions 5. Il faisait ; Ils faisaient.

42. Le futur (1)

1 1. défilerez 2. oublieras 3. remercieront 4. commencerez 5. arrangerons 6. retournerai 7. plierez 8. distribuera.

2 1. aboiera 2. essaierez 3. balaierai 4. essuieront 5. essaierons 6. t'ennuieras.

3 1. choisiront 2. noirciras 3. rougirons 4. saisira 5. applaudira.

4 1. ne travailleront pas ; se reposeront 2. coupera ; fleurira.

43. Le futur (2)

1 1. Tu pourras 2. Vous voudrez 3. Je pourrai 4. Il voudra 5. Nous voudrons 6. Elles pourront.

2 1. serons ; verront 2. sera ; aura 3. sera ; reverra 4. aurai ; pourras 5. seront ; verront.

3 1. Je serai ; Nous serons 2. je pourrai ; nous pourrons. 3. Voudra-t-elle ; Voudront-elles 4. tu ne verras rien ; Vous ne verrez rien 5. Il aura ; Ils auront.

44. Le futur (3)

1 1. Elle ira 2. Je viendrai 3. Nous ferons 4. Vous m'attendez 5. Ils te diront.

2 1. referai ; prendras 2. comprendra ; fera 3. ferons ; attendrons 4. prendront ; ferons 5. surprendra 6. Ferez ; attendrons.

3 1. tu iras ; Vous irez 2. je ferai ; Nous ferons 3. Elle reprendra ; Elles reprendront 4. Il lui dira ; Ils lui diront 5. J'irai ; Nous irons.

45. Des terminaisons régulières (1)

1 1. Tu détruisais 2. Tu enfonces 3. Tu veux 4. Tu saisis 5. Tu décoreras 6. Tu peux.

2

	Présent	Imparfait	Futur
1. Partager	Tu partages	Tu partageais	Tu partageras
2. Agir	Tu agis	Tu agissais	Tu agiras

3 1. Tu construisais 2. tu réfléchiras.

4

	Présent	Imparfait	Futur
1. Proposer	Vous proposez	Vous proposiez	Vous proposerez
2. Être	Vous êtes	Vous étiez	Vous serez
3. Dire	Vous dites	Vous disiez	Vous direz

5 1. Vous faites 2. Vous restiez 3. Vous comprendrez 4. Vous ne vous étonnez plus.

46. Des terminaisons régulières (2)

1

	Présent	Imparfait	Futur
1. Amener	Nous amenons	Nous amenions	Nous amènerons
2. Punir	Nous punissons	Nous punissions	Nous punirons
3. Avoir	Nous avons	Nous avions	Nous aurons

2 1. Nous achèterons. 2. nous cultivons. 3. nous vivions.

3

	Présent	Imparfait	Futur
1. Conduire	Elles conduisent	Elles conduisaient	Elles conduiront
2. Être	Ils sont	Ils étaient	Ils seront
3. Garnir	Ils garnissent	Ils garnissaient	Ils garniront
4. Employer	Elles emploient	Elles employaient	Elles emploieront

4 1. Elles pétrissaient 2. Ils se connaissent 3. Ces périodiques paraissent 4. Ces musiques auront.

47. Le passé composé (1)

1 ⟨J'ai réussi⟩ – elle prenait – ⟨il s'est disputé⟩ – nous voudrons – ⟨ils ont signé⟩ – ⟨nous avons ouvert⟩ – ⟨je suis entré⟩ – il prit – ⟨elles ont compris⟩ – tu prendras

2 1. a pris 2. a commencé 3. ont déambulé 4. sont montés 5. ont pu 6. sont partis.

3 1. Elles ont refusé de me croire. 2. Il a trouvé rapidement la bonne réponse. 3. Zora a adoré les cours d'histoire.

4 Hier, Adèle a quitté l'école à 16 heures. Elle a goûté, puis elle a gagné son bureau où elle a terminé ses devoirs. Ensuite, elle a étudié ses leçons. Sa nourrice lui a demandé de réviser les tables.

5 1. Il a toujours agi à bon escient. 2. Tu as gravi facilement cette paroi.

48. Le passé composé (2)

1 1. as eu 2. avez eu 3. ont eu 4. avons eu 5. ai eu 6. a eu.

2 1. J'ai eu une tablette. 2. Les joueurs ont eu une médaille. 3. Valentine a-t-elle eu un téléphone portable ? 4. Vous avez eu les félicitations. 5. Nous avons eu de la visite. 6. As-tu eu de bonnes notes ?

3 1. a été 2. avons été 3. as été. 4. ai été 5. ont été 6. avez été.

4 1. Les touristes ont été contents de leur séjour. 2. Ce monsieur a-t-il été ton professeur ? 3. Vous avez été très prudente. 4. As-tu été le goal de ton équipe ? 5. Nous avons été fiers de toi.

49. Le passé composé (3)

1 1. J'ai cru 2. Mon père est sorti. 3. Je suis revenu(e) 4. Anne et Marie ont voulu.

2 1. Paul **s'est perdu** dans la forêt. 2. Elle **est repartie** plus tôt que prévu. 3. Sa tante **est venue** l'accueillir. 4. Le plongeur **a retenu** sa respiration.

3 1. pris 2. produit 3. écrit 4. mis 5. fait 6. appris.

4 1. Un meuble construit 2. Un problème compris 3. Un sentier interdit.

5 1. a pu 2. a fini 3. a fait 4. a compris 5. s'est assis 6. a appelé.

VOCABULAIRE

50. Les homonymes

1 1. <u>Première série</u> : haut ; eau ; au 2. <u>Deuxième série</u> : verre ; vers ; vert ; ver 3. <u>Troisième série</u> : mettre ; maître ; mètre.

2 1. le poignet/~~la poignée~~ 2. cent/~~sang~~ 3. mât/~~mas~~ 4. ~~cent~~/sang 5. ~~Le poignet~~/La poignée 6. mât/~~mas~~.

3 1.a. Il me prête gentiment une **paire** de boules de pétanque. b. Douze est un nombre **pair**. c. Ma mère et mon **père** sont très fiers de moi.
2.a. Le **cou** de cette girafe est vraiment très long. b. Le boxeur terrasse son adversaire d'un **coup** de poing. c. Le **coût** des réparations de la voiture est élevé.
3.a. Je l'ai attendu en **vain**. b. Il débouche une bonne bouteille de **vin**. c. Cette maison a été construite il y plus de **vingt** ans.

51. Les synonymes

1 1. maigre – chétif – ~~gros~~ – gringalet 2. chanter – ~~se taire~~ – fredonner – entonner 3. comprendre – apprendre – ~~ignorer~~ – assimiler 4. intelligent – sensé – instruit – ~~stupide~~.

2 *Exemples de réponses* : 1. Des remèdes 2. Des vêtements 3. Des bouquins 4. Une rivière 5. Des automobiles 6. Un marin.

3 *Exemples de réponses* : Selim pêche avec son copain Édouard. Son **camarade** est un débutant. Il donne des conseils à son **ami**. À la fin de la partie de pêche, les deux **complices** se partagent les prises.

4 *Exemples de réponses* : 1. **Bouger** les bras 2. **Déplacer** une pierre 3. **Arracher** une dent 4. **Retirer** ses vêtements.

5 1. J'ai passé un **excellent** moment avec mes voisines. 2. C'est un **gentil** petit ! 3. Ce dessert est vraiment **succulent**.

52. Les familles de mots

1 journal – embarquer – aéroport – dégeler – épaisseur – plantation – montagnard – imaginaire – calmement – ensoleillé

2 Les intrus : 1. fermette 2. alignement 3. plateau.

3 1. Famille 1 : dévêtir ; vestiaire ; veste ; sous-vêtement.
2. Famille 2 : vision ; voyant ; visuel ; invisible.
3. Famille 3 : territoire ; parterre ; terrasse ; terroir.

4 1. cuisinier 2. cuire 3. cuisson 4. cuisine 5. culinaires.

53. Les préfixes

1 1. Le contraire : invisible ; désagréable ; malvoyant. 2. À nouveau : relire ; refaire ; revenir. 3. Avant : prédire ; préhistoire ; prévenir.

2 1. Immobile (**le contraire**) 2. Multicolore (**plusieurs**) 3. Souterrain (**au-dessous**) 4. Antivol (**action de protéger**) 5. Parapluie (**action de protéger**) 6. Désobéissant (**le contraire**) 7. Souligner (**au-dessous**) 8. Polygone (**plusieurs**).

3 1. soucoupe 2. parapluie 3. envol 4. kilogramme.

4 1. dépose 2. transposent 3. propose 4. repose.

54. Les suffixes

1 1. mécanicien(ne) 2. informaticien(ne) 3. agriculteur(trice) 4. poissonnier(ère) 5. pharmacien(ne) 6. fleuriste.

2 1. éléphant**eau** 2. maison**nette** 3. canet**ons** 4. garçon**net** 5. lionc**eaux**.

3 1. un remplaçant 2. une soustraction 3. la correction 4. un collage 5. la connaissance 6. l'ignorance.

4 1. gagn**able** 2. joign**able** 3. remarqu**able** 4. vis**ible** 5. compréhens**ible**.

55. Les contraires

1 1. Interdit → Autorisé 2. Rapide → Lent 3. Chaud → Froid 4. Sec → Humide.

2 1. ami 2. dur 3. fort 4. épais 5. cru 6. fermé.

3 1. À la fin des cours, Ilyès rentre **lentement** chez lui. 2. Le jury décide que l'accusé est **innocent**. 3. Sofia a frappé **fortement** sur la table.

4 1. inconnu/méconnu 2. inutile 3. malheureux 4. incroyable 5. impatient 6. involontaire.

5 1. **in**compréhensible 2. **mé**content 3. **il**lisible.

56. Le champ lexical

1 1. Le livre 2. La pluie 3. La chasse 4. La peinture 5. La météo.

2 La champ lexical de la mer.

3 *Exemples de réponses* : maître, professeur, école, maternelle, primaire, collège, classe, bureau, livre, cahier, récitation, devoirs, calcul, tableau, élèves, récréation, cantine, etc.

4 *Exemples de réponses* : 1. Écurie, garrot, selle, robe, galop, trot, saut, etc. 2. Cavalier, chevalerie, chevaucher, etc. 3. Poulain, pouliche, canasson, pur-sang, étalon, jument, etc.

57. Le sens propre et le sens figuré

1 1. Sens figuré. 2. Sens propre. 3. Sens figuré. 4. Sens propre. 5. Sens propre. 6. Sens figuré.

2 1. Sens propre 2. Sens figuré. 3. Sens figuré 4. Sens propre.

3 *Exemples de réponses* : 1. Julien est toujours bien habillé. 2. Mélissa est généreuse. 3. Carla parle beaucoup. 4. Djibril est doué pour le jardinage. 5. Noam a peur de tout. 6. Agathe est rêveuse.

58. Du verbe au nom

1 1. l'isolement/l'isolation. 2. le sauvetage 3. la fuite 4. l'enlèvement 5. la direction 6. la morsure 7. une fixation 8. la prévoyance/la prévision.

2 1. L'apprentissage de son texte 2. La naissance de ma petite sœur 3. La parution du journal 4. Le changement de train.

3 1. Au mariage de mon voisin, les invités étaient nombreux. 2. L'augmentation du prix des fruits réduit la consommation. 3. Le passage du Tour de France près de chez nous attire beaucoup de spectateurs. 4. La pluie de cet après-midi a arrosé le jardin.

59. De l'adjectif au nom

1 1. la solidité 2. l'exactitude 3. la grandeur 4. la possibilité 5. la finesse 6. la différence 7. l'importance 8. la gravité.

2 1. La difficulté du parcours 2. La violence du vent 3. La propreté de cette plage 4. L'abondance de la récolte 5. La jalousie de mon petit frère.

3 1. La puissance de cette voiture nous permet de nous déplacer rapidement. 2. La violence du vent couche les arbres. 3. J'apprécie la franchise de mon amie Maëlle. 4. La simplicité de sa tenue ne l'empêche pas d'être élégante.

60. L'utilisation du dictionnaire

1 1. (4) frise – (2) fantaisie – (3) fidèle – (1) banane – (5) terre.

2. (3) greffe – (2) garnir – (4) guéridon – (5) jardin – (1) bêche.

3. (4) intime – (5) isolation – (1) identité – (2) ignoré – (3) informatique.

2 1. Calme – ⟦cylindre⟧ – chapeau – corde – crayon.

2. Drapeau – ⟦dribleur⟧ – dresser – droguerie – druide.

3. Carburant – carnaval – ⟦cataracte⟧ – carpe – cartable.

3 1. Le bâton du chef d'orchestre. 2. Bâtonnets qui tiennent lieu de couverts dans les pays d'Extrême-Orient.

4 *Exemples de réponses* : 1. La place de l'église est fréquentée par les touristes. 2. Il termine la course à la troisième place. 3. Il n'y a plus de place dans le parking.

32 Ces – ses – c'est – s'est

J'observe et je retiens

■ « **Ces** » ou « **ses** » ?
- **Ces** est le pluriel de *ce*, *cet* ou *cette*.
- **Ses** est le pluriel de *son* ou *sa*.

Exemples 1 Il a fait chaud **ces** jours-là (**ce** jour).
2 Papa a souvent arrosé **ses** fleurs préférées (**sa** fleur).

Ces a le sens de *ceux-ci* ;
ses a le sens de *les siens*.

■ « **C'est** » ou « **s'est** » ?
- **C'est** est la contraction de *cela est*.
- **S'est** fait partie de la forme verbale.

Exemples
1 **C'est** (Cela est) un très beau spectacle.
2 Le trapéziste **s'est** (je me suis) rattrapé de justesse.

C'est peut être remplacé par *cela est*.
S'est peut être remplacé par *me suis*, *t'es*…

Je m'entraîne

1 ★ **Complète les phrases avec *ces* ou *ses*.**

1. _____ émissions n'ont aucun intérêt.
2. Sarah partage _____ bonbons avec _____ amis.
3. Toutes _____ illuminations annoncent Noël.
4. Le médecin annonce à _____ patients qu'il prend sa retraite.

2 ★ **Mets les mots soulignés au pluriel.**

1. Ce <u>cycliste</u> roule à grande vitesse. → _____
2. Son <u>poursuivant</u> se rapproche. → _____
3. Cette <u>équilibriste</u> impressionne le public. → _____
4. Elle réalise sans hésiter son <u>numéro</u>. → _____

3 ★★ **Récris les phrases en mettant le verbe au passé composé.**

1. Mon petit frère s'absente quelques instants. → _____
2. Maman ne s'aperçoit pas de son absence. → _____

4 ★★★ **Complète par *c'est* ou *s'est*.**

1. _____ la fête du village : un cirque _____ installé sur la place. 2. Léo _____ précipité pour admirer la parade qui _____ déroulée dans les rues. 3. Il _____ promis d'aller voir le spectacle. 4. Il _____ installé sur les gradins. 5. _____ le tour des clowns ! 6. _____ le numéro préféré des enfants.

As-tu réussi tes exercices ?
Très bien ☐   Assez bien ☐   Pas assez bien ☐

33 Les valeurs de la lettre c et de la lettre g

J'observe et je retiens

■ La lettre c
- La lettre *c* se prononce [s] devant *e* et *i*. Exemple **c**erise
- Elle se prononce [k] devant *a*, *o* et *u*. Exemple **c**aravane
- Pour obtenir le son [s] devant *a*, *o* et *u*, on écrit **ç**. Exemple gar**ç**on

■ La lettre g
- La lettre *g* se prononce [j] devant *e*, *i* et *y*. Exemple villa**g**e
- Pour obtenir le son [g] devant *e*, *i* et *y*, on écrit **gu**. Exemple **gu**ider
- La lettre *g* se prononce [g] devant *a*, *o* et *u*. Exemple **g**arder
- Pour obtenir le son [j] devant *a*, *o* et *u*, on écrit **ge**. Exemple na**ge**oire

Je m'entraîne

1 ★ **Complète les verbes conjugués avec c ou ç.**

1. Les déménageurs dépla___aient les meubles. 2. Dans cet embouteillage, la voiture avan___e lentement. 3. Il y a dix ans, nous annon___ions ta naissance. 4. Après la tempête, nous rempla___ons les tuiles cassées. 5. Elle a re___u une bonne nouvelle. 6. Ils espa___èrent leurs visites.

2 ★ **Complète les verbes conjugués avec g ou ge.**

1. Le singe volti___ait d'une branche à l'autre. 2. Nous échan___ions parfois nos vêtements. 3. Autrefois, vous voya___iez souvent en train. 4. Nous aidons le vigneron à vendan___er sa vigne. 5. De retour de vacances, nous déchar___ons la voiture. 6. Il rou___it dès qu'on lui parle.

3 ★ **Complète les mots avec g ou gu.**

1. Les ___irlandes annoncent les fêtes de Noël. 2. Dans la cour de récréation, parfois, des ba___arres éclatent. 3. J'adore la ba___e que tu m'as offerte. 4. ___ustave Eiffel a construit, à Paris, la tour qui porte son nom. 5. Les ___ommes permettent d'effacer nos erreurs. 6. La ___enon surveille ses petits. 7. Ce footballeur est un ___agnant. 8. La baignade est interdite, il y a trop de va___es.

4 ★★ **Complète les mots avec c, ç, g, ge ou gu.**

1. Il fait chaud, j'ai la ___or___e sèche. 2. Le ma___on a terminé la rénovation de la fa___ade de notre maison. 3. J'ai ouvert la ca___e aux oiseaux. 4. Les ___igales chantent tout l'été. 5. La di___e protè___e les maisons des marées. 6. À la rentrée, j'aurai un nouveau ___artable. 7. La ___éographie est ma matière préférée. 8. Quelle est la ra___e de ce chien ? 9. ___e gar___on est poli.

As-tu réussi tes exercices ? Très bien ☐ Assez bien ☐ Pas assez bien ☐

34 Les noms féminins en -é, -té, -tié

J'observe et je retiens

■ Les noms féminins en **-é** qui ne finissent pas par **-té** ou **-tié** s'écrivent **-ée**, sauf la **clé**.
Exemple Il découvre l'entr**ée** de la grotte.

■ Les noms féminins en **-té** ou en **-tié** ne prennent pas de -e final.
Exemple Il a donné la moit**ié** de son gâteau à son ami. Sa bont**é** le perdra.

■ **Exception** : six mots ne suivent pas cette règle : la **butée**, la **dictée**, la **jetée**, la **montée**, la **pâtée** et la **portée** ; ainsi que les mots qui exprime **un contenu** (une **brouettée**).
Exemple Le maçon a transporté une brouett**ée** de sable.

Je m'entraîne

1 ★ **Trouve un nom féminin dérivé de chacun des verbes.**

1. Penser → la _____
2. Jeter → une _____
3. Ranger → la _____
4. Rentrer → la _____
5. Nicher → la _____
6. Durer → une _____

2 ★★ **Dans chaque ligne, écris la terminaison des mots féminins et entoure l'intrus.**

1. La simplicit___ ; la solidit___ ; la dict___ ; la pauvret___
2. L'amiti___ ; la curiosit___ ; la rapidit___ ; la jet___
3. La piti___ ; la mont___ ; la raret___ ; la solidit___

3 ★★ **Complète les phrases avec un nom féminin de la famille de l'un des adjectifs suivants :** antique – fier – sensible – fragile.

1. Cette commode est une _____ .
2. J'attendais le résultat avec de la _____ .
3. Ton jugement est plein de _____ .
4. Attention à la _____ de ce vase !

4 ★★★ **Trouve les mots de la même famille qui expriment un contenu.**

1. La cuillère → la _____
2. La bouche → une _____
3. La poêle → une _____
4. Le matin → la _____
5. Les bras → une _____
6. Le poing → la _____

5 ★★★ **Écris la terminaison des noms féminins.**

1. La mont___ des marches du Mont-Saint-Michel est une curiosit___ . 2. Je me demande avec anxiét___ si j'ai réussi ma dict___ . 3. Sur ma cl___ USB, j'ai enregistré l'intégralit___ de mes bulletins scolaires.

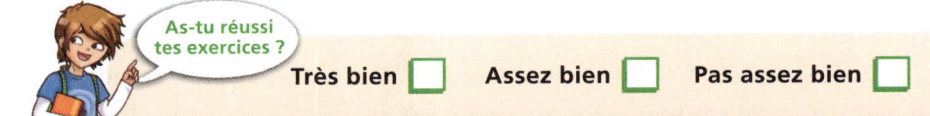

As-tu réussi tes exercices ? Très bien ☐ Assez bien ☐ Pas assez bien ☐

35 Les mots invariables

J'observe et je retiens

■ Certains mots restent **invariables**, même si la phrase est au pluriel.

Exemples **Aujourd'hui**, ma fille vient **mais** elle arrivera **tard**. (*phrase au singulier*)
→ **Aujourd'hui**, mes filles viennent **mais** elles arriveront **tard**. (*phrase au pluriel*)
Dans ces deux phrases, les verbes, les déterminants, les noms s'accordent.
Les mots **aujourd'hui**, **mais** et **tard** ne s'accordent pas. Ce sont des mots invariables.

Je m'entraîne

1 ★ Écris les phrases au pluriel, puis fais la liste des mots invariables que tu as trouvés.

1. Mon frère aime toujours le sport, mon cousin aussi.
→ _____

2. Un rapace plane longtemps, soudain il plonge.
→ _____

3. Pourquoi cet oiseau chante-t-il tôt ?
→ _____

Mots invariables : _____

2 ★★ Entoure les **intrus** qui se sont glissés dans cette liste de **mots invariables**.

cependant – durant – voilà – vert – trop – malgré – ami – gant – aussi – comme – galop – bien

3 ★★★ Trouve les mots invariables en remettant dans l'ordre les lettres données.

1. u, s, i → p_____
2. o, c, n → d_____
3. l, o, s, r → a_____
4. r, i, m, a → p_____
5. i, i, c, o → v_____
6. v, e, t, a, n → d_____
7. i, i, c → _____
8. a, i, d, o, u, n → s_____
9. r, u, t, o, u → a_____
10. q, e, u, r, o, s → l_____
11. t, e, m, n, e, l → seu_____
12. e, r, s, i, s, u, u → pl_____
13. i, t, s, ô, t, s → au_____
14. t, g, s, n, p, e, m → lo_____

4 ★★★ Complète le texte en utilisant les mots invariables suivants : *aussi – déjà – quand – vraiment – parfois – avec*.

_____ je vois mes petits-enfants jouer _____ l'appareil photo, je suis admiratif. _____ très jeunes, ils maîtrisaient _____ cette technologie. _____, ils aiment _____ me donner des conseils.

36 Le présent (1)

J'observe et je retiens

Verbes du 1ᵉʳ groupe (-er)			Verbes du 2ᵉ groupe (-ir, -issons)
J'aide	J'arrange	Je remplace	Je resplendis
Tu aides	Tu arranges	Tu remplaces	Tu resplendis
Il/Elle/On aide	Il/Elle/On arrange	Il/Elle/On remplace	Il/Elle/On resplendit
Nous aidons	Nous arrangeons	Nous remplaçons	Nous resplendissons
Vous aidez	Vous arrangez	Vous remplacez	Vous resplendissez
Ils/Elles aident	Ils/Elles arrangent	Ils/Elles remplacent	Ils/Elles resplendissent

Exemples
1 J'aide papa le week-end. Nous arrangeons le toit de la maison. Nous remplaçons les vieilles tuiles.
2 Toute la famille resplendit de bonheur. Nos amis resplendissent de joie.

Je m'entraîne

1 ★ **Mets les verbes entre parenthèses au présent.**
1. L'enfant (jouer) _____ dans la rivière. 2. Il (saluer) _____ les passants. 3. Ses amis le (regarder) _____ du bord. 4. Ils (crier) _____ et ils (se préparer) _____ à l'imiter.
5. Ils (plier) _____ leurs vêtements. 6. Ils les (poser) _____ sur l'herbe et (sauter) _____.

2 ★ **Écris les verbes au présent.**
1. Le moniteur (diriger) _____ le groupe. 2. Nous (ranger) _____ nos affaires dans les vestiaires. 3. Nous (nager) _____ le crawl puis la brasse. 4. Nous (plonger) _____ les uns après les autres. 5. À la fin de l'entraînement, nous (partager) _____ un gâteau.

3 ★★ **Récris les phrases en remplaçant le sujet par *nous*.**

Exemple : *Je range mes affaires → Nous rangeons nos affaires.*

1. L'organisatrice annonce la prochaine course. → _____
2. J'avance timidement vers la ligne de départ. → _____

4 ★★ **Écris les verbes à la personne demandée.**
1. Elle (bondir) _____ hors de son lit. 2. Tu (choisir) _____ tes vêtements. 3. Je (remplir) _____ les bols. 4. Nous (finir) _____ nos devoirs. 5. Vous (gravir) _____ les escaliers. 6. Ils (franchir) _____ la porte de la classe.

Pour l'adulte
Attirez l'attention de l'enfant sur les difficultés de quelques verbes du 1ᵉʳ groupe : verbes en *-cer* (avancer → nous avançons) ; verbes en *-ouer* (jouer → je joue ; tu joues ; elle joue) et en *-ier* (crier → je crie ; tu cries ; on crie).

As-tu réussi tes exercices ?

Très bien ☐   Assez bien ☐   Pas assez bien ☐

37 Le présent (2)

J'observe et je retiens

Pouvoir	Vouloir	Être	Avoir	Voir
Je **peux**	Je **veux**	Je **suis**	J'**ai**	Je **vois**
Tu **peux**	Tu **veux**	Tu **es**	Tu **as**	Tu **vois**
Il/Elle/On **peut**	Il/Elle/On **veut**	Il/Elle/On **est**	Il/Elle/On **a**	Il/Elle/On **voit**
Nous **pouvons**	Nous **voulons**	Nous **sommes**	Nous **avons**	Nous **voyons**
Vous **pouvez**	Vous **voulez**	Vous **êtes**	Vous **avez**	Vous **voyez**
Ils/Elles **peuvent**	Ils/Elles **veulent**	Ils/Elles **sont**	Ils/Elles **ont**	Ils/Elles **voient**

Exemple Nous **pouvons** arriver dimanche après-midi, mais nous **voulons** nous arrêter à Toulouse. Nous **sommes** impatients de vous voir. **Avez**-vous bien préparé notre arrivée ? Vous **voyez** toujours nos anciens voisins ?

Je m'entraîne

1 ⭐ Écris les verbes entre parenthèses au présent.

1. Je (vouloir) _____ vous dire la vérité. Je ne (pouvoir) _____ pas vous mentir. **2.** Le soleil (être) _____ présent. (Être) _____ -vous contente ? **3.** Tu (être) _____ très gentil ! (Pouvoir) _____ -tu me rendre un service ? **4.** Nous (pouvoir) _____ vous conduire à la gare, si vous (vouloir) _____ . **5.** (Vouloir) _____ -ils regarder ce film ? Sinon, ils (pouvoir) _____ jouer aux cartes. **6.** (Être) _____ -ils en retard ? Ils (pouvoir) _____ accélérer s'ils (vouloir) _____ .

2 ⭐⭐ Écris les verbes au présent.

1. Que (voir) _____ -tu ? Je (voir) _____ un petit lapin. Il (avoir) _____ l'air malade. **2.** (Avoir) _____ -je le temps de téléphoner ? Oui, nous (avoir) _____ tout notre temps. **3.** Ton frère, (avoir) _____ -t-il fait ses devoirs ? J' (avoir) _____ bien peur que non. **4.** (Avoir) _____ -ils des chances de gagner ? S'ils jouent bien, je les (voir) _____ gagnants. **5.** De leur maison, ils (voir) _____ les Pyrénées. Ils (avoir) _____ une vue imprenable. **6.** Mes parents (prévoir) _____ de partir. Nous (devoir) _____ nous rendre chez notre oncle.

3 ⭐⭐⭐ Mets les verbes entre parenthèses au présent puis récris-les avec le **pronom pluriel** indiqué.

1. Je (vouloir) _____ aller au cinéma. → Nous _____

2. Tu (pouvoir) _____ réussir cet exercice. → Vous _____

3. Tu (voir) _____ ton voisin après l'école. → Vous _____

4. Il (avoir) _____ de la bonne volonté. → Elles _____

5. Je (être) _____ près de l'école. → Nous _____

As-tu réussi tes exercices ?

Très bien ☐   Assez bien ☐   Pas assez bien ☐

38 Le présent (3)

J'observe et je retiens

Dire	Faire	Aller	Prendre	Venir
Je **dis**	Je **fais**	Je **vais**	Je **prends**	Je **viens**
Tu **dis**	Tu **fais**	Tu **vas**	Tu **prends**	Tu **viens**
Il/Elle/On **dit**	Il/Elle/On **fait**	Il/Elle/On **va**	Il/Elle/On **prend**	Il/Elle/On **vient**
Nous **disons**	Nous **faisons**	Nous **allons**	Nous **prenons**	Nous **venons**
Vous **dites**	Vous **faites**	Vous **allez**	Vous **prenez**	Vous **venez**
Ils/Elles **disent**	Ils/Elles **font**	Ils/Elles **vont**	Ils/Elles **prennent**	Ils/Elles **viennent**

Exemple Sitôt levés, nous **disons** au revoir à nos parents. Ils nous **font** des recommandations. Avec notre club de rugby, nous **allons** à Paris, au stade de France. Nous **prenons** l'avion jusqu'à Paris. Arrivés à l'aéroport, nos correspondants **viennent** à notre rencontre.

Je m'entraîne

1 ★ **Écris les verbes au présent à la personne demandée.**

1. Aller (1re pers. plur.) _____
2. Dire (2e pers. plur.) _____
3. Faire (2e pers. plur.) _____
4. Venir (2e pers. sing.) _____
5. Prendre (1re pers. sing.) _____
6. Venir (3e pers. sing.) _____

2 ★ **Récris les verbes en mettant le sujet au pluriel s'il est au singulier et inversement.**

1. Elle redit → _____
2. Tu parviens → _____
3. Je comprends → _____
4. Ils vont → _____
5. Vous défaites → _____
6. Nous prédisons → _____

3 ★★ **Écris les verbes entre parenthèses au présent.**

1. Je (prendre) _____ mon frère à son école. Je (venir) _____ à l'instant de l'apercevoir.
2. Ils (prendre) _____ leurs congés demain. Ils (venir) _____ de m'en informer.
3. Ce soir, nous (venir) _____ avec vous au stade. L'entraînement (reprendre) _____.
4. Elles (surprendre) _____ leurs coéquipiers, Elles (venir) _____ souvent s'entraîner.
5. Vous ne (prendre) _____ pas leurs jouets. Nous (revenir) _____ vous voir bientôt.

4 ★★ **Mets les verbes entre parenthèses au présent, puis récris-les avec le pronom pluriel indiqué.**

1. Tu (venir) _____ de terminer la course. → Vous _____
2. Je (faire) _____ confiance aux enfants. → Nous _____
3. (dire) _____ -elle la vérité ? → _____ vous la vérité ?
4. Il (apprendre) _____ toujours les leçons. → Vous _____

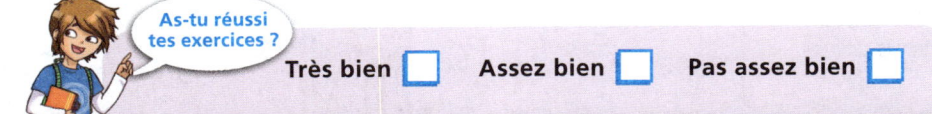

As-tu réussi tes exercices ?

Très bien ☐   Assez bien ☐   Pas assez bien ☐

39 L'imparfait (1)

J'observe et je retiens

Verbes du 1er groupe (-er)			Verbe du 2e groupe (-ir ; -issant)
Je m'**approch**ais Tu t'**approch**ais Il/Elle/On s'**approch**ait Nous nous **approch**ions Vous vous **approch**iez Ils/Elles s'**approch**aient	Je **balanç**ais Tu **balanç**ais Il/Elle/On **balanç**ait Nous **balanc**ions Vous **balanc**iez Ils/Elles **balanç**aient	Je **mange**ais Tu **mange**ais Il/Elle/On **mange**ait Nous **mang**ions Vous **mang**iez Ils/Elles **mange**aient	Je **finiss**ais Tu **finiss**ais Il/Elle/On **finiss**ait Nous **finiss**ions Vous **finiss**iez Ils/Elles **finiss**aient

Exemple Le chien s'**approchait** de sa gamelle. Il **balançait** sa queue en signe de contentement. Il **mangeait** goulûment et **finissait** sa gamelle rapidement.

Je m'entraîne

1 ★ **Écris les verbes entre parenthèses à l'imparfait.**

1. Je (rester) _____ près du feu et j' (observer) _____ le mouvement des flammes.
2. Mes sœurs (jouer) _____ à mes pieds. 3. De temps en temps, Maman (remuer) _____ les braises et (rajouter) _____ du bois dans le foyer.

2 ★★ **Récris les phrases en mettant le sujet à la 3e personne du pluriel.**

1. Vous logiez dans un gîte rural. → _____
2. Nous rêvions d'amour. → _____

3 ★★ **Écris les verbes entre parenthèses à l'imparfait.**

1. La cloche de l'école (annoncer) _____ la reprise des cours. 2. Dès huit heures, nous nous (ranger) _____ devant la porte de la classe. 3. Puis, nous (avancer) _____ lentement jusqu'à notre place. 4. Une fois tous les élèves assis, le professeur (commencer) _____ son cours. 5. Parfois, nous l' (agacer) _____ avec nos bavardages. 6. Alors, il (changer) _____ de ton. 7. Il (élever) _____ la voix.

4 ★★★ **Complète les phrases en mettant les verbes à l'imparfait. Utilise les verbes suivants :** *ratisser – ravir – bondir – envahir – remplir – embellir*.

1. Nous _____ la piscine. 2. J' _____ la maison. 3. Les herbes _____ le jardin. 4. Tu _____ les allées. 5. Le chien _____ de joie. 6. Vous _____ vos parents.

Pour l'adulte
Attirez l'attention de l'enfant sur les verbes du 1er groupe terminés par *-ier*. Ex. : *crier* → *nous criions, vous criiez*.

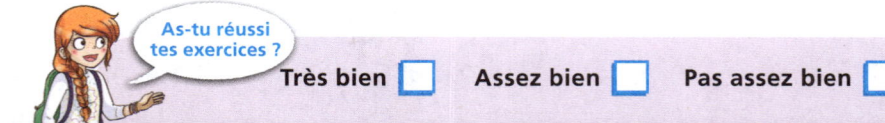

As-tu réussi tes exercices ?

Très bien ☐   Assez bien ☐   Pas assez bien ☐

40 L'imparfait (2)

J'observe et je retiens

Avoir	Être	Pouvoir	Voir	Vouloir
J'avais	J'étais	Je pouvais	Je voyais	Je voulais
Tu avais	Tu étais	Tu pouvais	Tu voyais	Tu voulais
Il/Elle/On avait	Il/Elle/On était	Il/Elle/On pouvait	Il/Elle/On voyait	Il/Elle/On voulait
Nous avions	Nous étions	Nous pouvions	Nous voyions	Nous voulions
Vous aviez	Vous étiez	Vous pouviez	Vous voyiez	Vous vouliez
Ils/Elles avaient	Ils/Elles étaient	Ils/Elles pouvaient	Ils/Elles voyaient	Ils/Elles voulaient

Exemple Quand j'**étais** en vacances, j'**avais** toujours la permission de jouer. Je **pouvais** grimper aux arbres dans le jardin. Je **voyais** ma sœur jouer au ping-pong ; je **voulais** faire comme elle.

> Rappelle-toi : aux deux premières personnes du pluriel de l'imparfait, le verbe *voir* s'écrit avec un *y* suivi d'un *i* : *nous voyions* ; *vous voyiez*.

Je m'entraîne

1 ★ Écris les verbes entre parenthèses à l'imparfait.

1. Gamin, j' (avoir) _____ les cheveux bouclés. 2. J' (être) _____ espiègle. 3. Nous (être) _____ voisins. 4. Vous (avoir) _____ une grande maison. 5. Vous (pouvoir) _____ venir à tout moment. 6. Nous (être) _____ très amis. 7. Tu (être) _____ une brillante élève. 8. J' (avoir) _____ de l'admiration pour toi. 9. Romane (avoir) _____ un vélo de course. 10. Elias (être) _____ très fier. 11. Je (pouvoir) _____ admirer notre voisin. 12. C' (être) _____ mon entraîneur.

2 ★★ Écris les verbes à l'imparfait.

1. On se (voir) _____ souvent. 2. Tu (vouloir) _____ devenir mon ami. 3. Quand tu (voir) _____ des papillons, tu (vouloir) _____ les attraper. 4. La nuit, ils (vouloir) _____ contempler le ciel. 5. Quand ils (voir) _____ les étoiles, ils (être) _____ émerveillés. 6. Nous (vouloir) _____ jouer avec nos tablettes. 7. Nos parents ne (vouloir) _____ pas. 8. Vous (voir) _____ votre sœur faire le clown. 9. Vous (vouloir) _____ l'imiter.

3 ★★ Mets les verbes entre parenthèses à l'imparfait puis récris-les avec le pronom pluriel indiqué.

1. Je (vouloir) _____ visiter Paris. → Nous _____ visiter Paris.
2. (Être) _____ -tu dans la même équipe ? → _____ -vous dans la même équipe ?
3. (Avoir) _____ -il le même âge ? → _____ -ils le même âge ?
4. (Pouvoir) _____ -tu aller à la mer ? → _____ -vous aller à la mer ?
5. Elle (revoir) _____ les photos. → Elles _____ les photos.

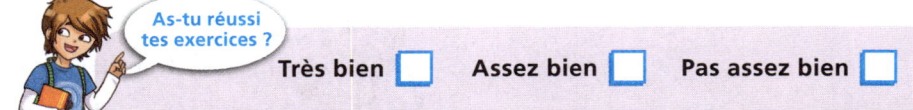

As-tu réussi tes exercices ? Très bien ☐ Assez bien ☐ Pas assez bien ☐

41 L'imparfait (3)

J'observe et je retiens

Venir	Prendre	Aller	Dire	Faire
Je venais	Je prenais	J'allais	Je disais	Je faisais
Tu venais	Tu prenais	Tu allais	Tu disais	Tu faisais
Il/Elle/On venait	Il/Elle/On prenait	Il/Elle/On allait	Il/Elle/On disait	Il/Elle/On faisait
Nous venions	Nous prenions	Nous allions	Nous disions	Nous faisions
Vous veniez	Vous preniez	Vous alliez	Vous disiez	Vous faisiez
Ils/Elles venaient	Ils/Elles prenaient	Ils/Elles allaient	Ils/Elles disaient	Ils/Elles faisaient

Exemple Autrefois, les gens **faisaient** la lessive à la main. Ils **prenaient** le linge, le savon, le battoir et **allaient** au lavoir. Des badauds qui **venaient** les voir, **disaient** parfois quelques secrets.

Je m'entraîne

1 ★ Écris les verbes à l'imparfait à la personne demandée.

1. Aller à la montagne (1re pers. plur.) → _____
2. Prendre le tire-fesses (3e pers. plur.) → _____
3. Descendre une piste noire (2e pers. sing.) → _____
4. Devenir un vrai champion (3e pers. sing.) → _____
5. Refaire inlassablement les mêmes gestes (2e pers. plur.) → _____
6. Aller de plus en plus vite (2e pers. sing.) → _____

2 ★ Écris les verbes entre parenthèses à l'imparfait.

1. Je (faire) _____ un gâteau. Tu (dire) _____ que c'était le meilleur. 2. Papa nous (interdire) _____ de nous lever de table. Il le (redire) _____ souvent. 3. Tu (faire) _____ toujours les mêmes fautes. « Fais attention », (dire) _____ maman. 4. Souvent, avec mon frère, nous nous (contredire) _____. 5. Pendant les repas de famille, vous (refaire) _____ le monde. 6. Tu (dire) _____ souvent n'importe quoi. Nous (faire) _____ semblant d'apprécier.

3 ★★ Mets les verbes à l'imparfait puis récris-les avec le **pronom pluriel** indiqué.

1. J' (apprendre) _____ mes leçons. → Nous _____
2. Tu (venir) _____ à la fête de l'école. → Vous _____
3. Elle (dire) _____ bonjour à sa maîtresse. → Elles _____
4. J' (aller) _____ à la patinoire. → Nous _____
5. Il (faire) _____ de longues promenades. → Ils _____

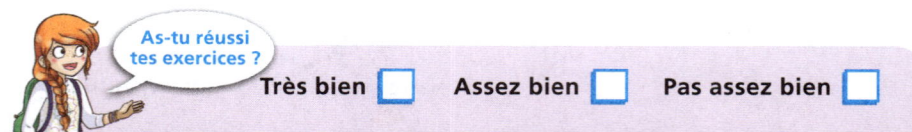

As-tu réussi tes exercices ? Très bien ☐ Assez bien ☐ Pas assez bien ☐

42 Le futur (1)

J'observe et je retiens

Verbes du 1er groupe (-er)		Verbes du 2e groupe (-ir ; -issant)	
Je jouerai	J'essaierai	Je réussirai	J'avertirai
Tu joueras	Tu essaieras	Tu réussiras	Tu avertiras
Il/Elle/On jouera	Il/Elle/On essaiera	Il/Elle/On réussira	Il/Elle/On avertira
Nous jouerons	Nous essaierons	Nous réussirons	Nous avertirons
Vous jouerez	Vous essaierez	Vous réussirez	Vous avertirez
Ils/Elles joueront	Ils/Elles essaieront	Ils/Elles réussiront	Ils/Elles avertiront

Exemple Le chien **jouera** dans le jardin. Il **essaiera** d'attraper la balle au vol. Il **réussira** et **avertira** son maître par des aboiements.

Les verbes en **-yer** (comme essa**y**er) changent le **y** en **i** à toutes les personnes : *j'essaierai* ; *nous essaierons*.

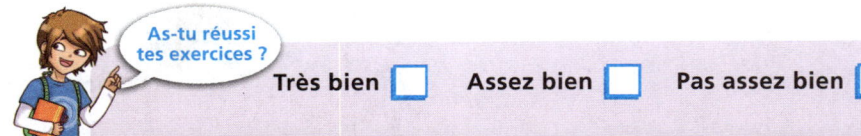

Je m'entraîne

1 ★ Écris les terminaisons des verbes au futur.

1. Vous défil_____ dans la rue. 2. Tu oubli_____ de venir. 3. Mes parents te remerci_____. 4. Vous commenc_____ de bonne heure. 5. Nous nous arrang_____ pour passer. 6. Je ne retourn_____ pas à la montagne. 7. Vous pli_____ vos affaires. 8. Le facteur distribu_____ le courrier.

2 ★ Écris les verbes entre parenthèses au futur.

1. Le chien (aboyer) _____ bruyamment. 2. Vous (essayer) _____ de le calmer. 3. Je (balayer) _____ la terrasse. 4. Mes parents (essuyer) _____ la vaisselle. 5. Nous (essayer) _____ de t'envoyer un message. 6. Tu (s'ennuyer) _____ sans ton frère.

3 ★★ Écris les verbes soulignés au futur.

1. Elles <u>choisissent</u> _____ un déguisement. 2. Tu te <u>noircis</u> _____ le visage. 3. Nous <u>rougissons</u> _____ de plaisir. 4. Il <u>saisit</u> _____ son épée à deux mains. 5. On <u>applaudit</u> _____ le défilé.

4 ★★★ Récris ces phrases au futur.

1. Aujourd'hui, mes parents ne travaillent pas, ils se reposent.
→ Demain, _____

2. Dès le matin, maman coupe quelques fleurs et fleurit la salle à manger.
→ En fin de matinée, _____

As-tu réussi tes exercices ? Très bien ☐ Assez bien ☐ Pas assez bien ☐

43 Le futur (2)

J'observe et je retiens

Vouloir	Pouvoir	Être	Avoir	Voir
Je voudrai	Je pourrai	Je serai	J'aurai	Je verrai
Tu voudras	Tu pourras	Tu seras	Tu auras	Tu verras
Il/Elle/On voudra	Il/Elle/On pourra	Il/Elle/On sera	Il/Elle/On aura	Il/Elle/On verra
Nous voudrons	Nous pourrons	Nous serons	Nous aurons	Nous verrons
Vous voudrez	Vous pourrez	Vous serez	Vous aurez	Vous verrez
Ils/Elles voudront	Ils/Elles pourront	Ils/Elles seront	Ils/Elles auront	Ils/Elles verront

Exemple Nous **voudrons** des volets bleus dans notre maison. Nous **pourrons** bientôt emménager. Nos voisins **seront** sûrement surpris. Je ne pense pas que nous **aurons** la possibilité de les inviter avant notre départ. Nous **verrons** plus tard.

Je m'entraîne

1 ★ Écris les phrases au futur en supprimant le verbe *aller*.

Exemple : *je vais avoir → j'aurai*

1. Tu vas pouvoir acheter un ordinateur. → _____
2. Vous allez vouloir une récompense. → _____
3. Je vais pouvoir t'apprendre à réfléchir. → _____
4. Il va vouloir de nouvelles lunettes. → _____
5. Nous allons vouloir nager. → _____
6. Elles vont pouvoir partir en voyage. → _____

2 ★★ Écris les verbes entre parenthèses au futur.

1. Nous (être) _____ bien cachés, elles ne nous (voir) _____ pas. 2. Il (être) _____ très déçu. Il (avoir) _____ l'occasion de se racheter. 3. Elle (être) _____ contente. Elle (revoir) _____ avec plaisir nos photos de vacances. 4. Quand j' (avoir) _____ reçu mon vélo, tu (pouvoir) _____ l'essayer. 5. Ils (être) _____ près des joueurs. Ils (voir) _____ le match du bord du terrain.

3 ★★★ Mets les verbes entre parenthèses au futur puis récris-les avec le **pronom pluriel** indiqué.

1. Je (être) _____ présent à votre réception. → Nous _____ présents.
2. À dix-huit ans, je (pouvoir) _____ voter. → Nous _____ voter.
3. (Vouloir) _____ -elle venir à mon anniversaire ? → _____ -elles venir ?
4. De ta place, tu ne (voir) _____ rien. → Vous ne _____ rien.
5. Il (avoir) _____ une visite de son parrain. → Ils _____ une visite.

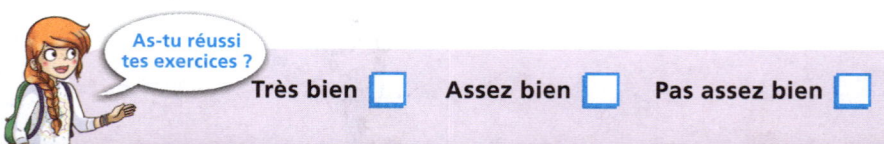

As-tu réussi tes exercices ?   Très bien ☐   Assez bien ☐   Pas assez bien ☐

44 Le futur (3)

J'observe et je retiens

Aller	Dire	Venir	Prendre	faire
J'irai	Je dirai	Je viendrai	Je prendrai	Je ferai
Tu iras	Tu diras	Tu viendras	Tu prendras	Tu feras
Il/Elle/On ira	Il/Elle/On dira	Il/Elle/On viendra	Il/Elle/On prendra	Il/Elle/On fera
Nous irons	Nous dirons	Nous viendrons	Nous prendrons	Nous ferons
Vous irez	Vous direz	Vous viendrez	Vous prendrez	Vous ferez
Ils/Elles iront	Ils/Elles diront	Ils/Elles viendront	Ils/Elles prendront	Ils/Elles feront

Exemple Pendant les vacances de Noël, nous **irons** à la montagne. Tu le **diras** à tes amis. Peut-être **viendront**-ils avec nous ? Pour remonter les pistes, je **prendrai** le tire-fesses. Je **ferai** souvent la même descente.

Je m'entraîne

1 ⭐ **Mets les phrases au futur en supprimant le verbe *aller*.**

Exemple : *je vais aller → j'irai*

1. Elle va aller chez ses parents. → _____
2. Je vais venir au plus vite. → _____
3. Nous allons faire une bonne affaire. → _____
4. Vous allez m'attendre devant la mairie. → _____
5. Ils vont te dire qu'ils t'apprécient. → _____

2 ⭐ **Écris les verbes entre parenthèses au futur.**

1. Je (refaire) _____ les exercices. Tu (prendre) _____ le temps de les corriger. 2. Quand il (comprendre) _____, il (faire) _____ moins d'erreurs. 3. Nous (faire) _____ de nouveaux achats. Nous (attendre) _____ les soldes. 4. Elles (prendre) _____ leur cartable. Nous (faire) _____ nos devoirs. 5. Sa gentillesse (surprendre) _____ ses professeurs.
6. (Faire) _____ -vous de la danse ? Nous vous (attendre) _____ à l'entrée du gymnase.

3 ⭐⭐ **Mets les verbes au futur puis récris-les avec le pronom pluriel indiqué.**

1. Demain tu (aller) _____ au marché. → Vous _____ au marché.
2. Samedi, je (faire) _____ la cuisine. → Nous _____ la cuisine.
3. Elle (reprendre) _____ ses cours de guitare. → Elles _____ leurs cours.
4. Il lui (dire) _____ de revenir. → Ils lui _____ de revenir.
5. J' (aller) _____ au stade avec mon frère. → Nous _____ au stade.

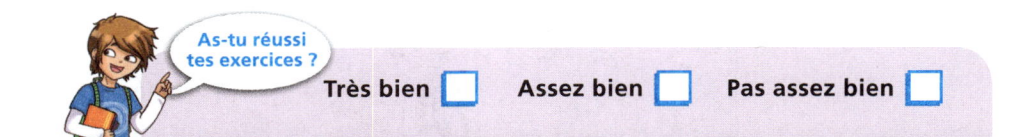

As-tu réussi tes exercices ?   Très bien ☐   Assez bien ☐   Pas assez bien ☐

45 Des terminaisons régulières (1)

J'observe et je retiens

■ **À la 2ᵉ personne du singulier (*tu*)** :
• **Tous les verbes** se terminent par un **-s** au présent, à l'imparfait et au futur.
• **Sauf** *vouloir*, *pouvoir* et *valoir* qui prennent un **-x** au présent : *tu veux, tu peux, tu vaux*.

Exemple Maman, tu tremblai**s** quand tu m'accompagnai**s** à l'école maternelle. Cette année, j'ai grandi. Tu peu**x** me faire confiance. Tu ne sera**s** pas déçue.

■ **À la 2ᵉ personne du pluriel (*vous*)** :
• **Tous les verbes** se terminent par **-ez** au présent, à l'imparfait et au futur.
• **Sauf** les verbes de la famille de *dire*, de *faire* et le verbe *être* au présent : *vous dites, vous faites, vous êtes*.

Exemple Vous réagissi**ez** comme tous les parents. Maintenant, vous ser**ez** rassurés, vous pourr**ez** toujours me joindre par SMS. Ne vous **faites** pas de souci !

Je m'entraîne

1 ⭐ **Écris la terminaison des verbes.**

1. Tu détruisai____
2. Tu enfonce____
3. Tu veu____
4. Tu saisi____
5. Tu décorera____
6. Tu peu____

2 ⭐⭐ **Complète le tableau en écrivant les verbes à la 2ᵉ personne du singulier (*tu*).**

	Présent	Imparfait	Futur
1. Partager			
2. Agir			

3 ⭐⭐ **Récris les phrases à la 2ᵉ personne du singulier (*tu*).**

1. Elle construisait la maison le week-end. → _____
2. La prochaine fois, ils réfléchiront. → _____

4 ⭐⭐ **Complète le tableau en écrivant les verbes à la 2ᵉ personne du pluriel (*vous*).**

	Présent	Imparfait	Futur
1. Proposer			
2. Être			
3. Dire			

5 ⭐⭐⭐ **Récris les phrases à la 2ᵉ personne du pluriel (*vous*).**

1. Elle fait semblant de ne rien entendre. → _____
2. Ils restaient bons amis. → _____
3. Tu comprendras très vite. → _____
4. Je ne m'étonne plus de rien. → _____

As-tu réussi tes exercices ?
Très bien ☐   Assez bien ☐   Pas assez bien ☐

46 Des terminaisons régulières (2)

J'observe et je retiens

■ **À la 1ʳᵉ personne du pluriel (nous) :**
- **Tous les verbes** se terminent par un **-ons** au présent, à l'imparfait et au futur.
- **Sauf** le verbe *être* qui ne suit pas cette règle : *nous sommes*.

Exemple Désolés, nous **arriverons** (*futur*) avec un peu de retard. Nous **avions** (*imparfait*) pourtant prévu d'arriver tôt. Nous **serons** (*futur*) à l'heure la prochaine fois.

■ **À la 3ᵉ personne du pluriel (ils ou elles) :**
Tous les verbes se terminent par **-nt** au présent, à l'imparfait et au futur.

Exemple Ils **allaient** (*imparfait*) souvent à la montagne. Depuis peu, ils **pensent** (*présent*) acheter un chalet. Ils y **recevront** (*futur*) leurs amis.

Je m'entraîne

1 ★ **Complète le tableau en écrivant les verbes à la 1ʳᵉ personne du pluriel (nous).**

	Présent	Imparfait	Futur
1. Amener			
2. Punir			
3. Avoir			

2 ★★ **Récris les phrases à la 1ʳᵉ personne du pluriel.**

1. Elle achètera des cadeaux pour les enfants. → _____
2. L'été, je cultive de la lavande. → _____
3. Il y a peu de temps, je vivais en Bretagne. → _____

3 ★★ **Complète le tableau en écrivant les verbes à la 3ᵉ personne du pluriel (ils ou elles).**

	Présent	Imparfait	Futur
1. Conduire			
2. Être			
3. Garnir			
4. Employer			

4 ★★★ **Récris les phrases à la 3ᵉ personne du pluriel.**

1. Elle pétrissait la pâte à la main. → _____
2. Nous nous connaissons depuis longtemps. → _____
3. Ce périodique paraît tous les mois. → _____
4. Cette musique aura un gros succès. → _____

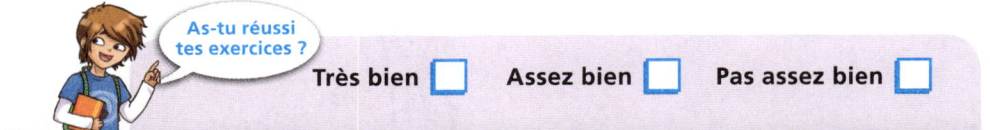

As-tu réussi tes exercices ? Très bien ☐   Assez bien ☐   Pas assez bien ☐

47 Le passé composé (1)

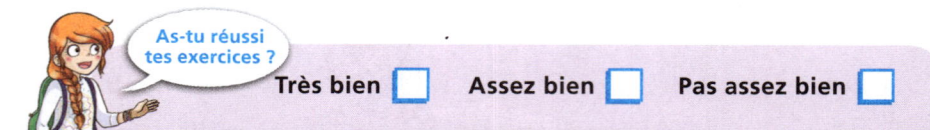

J'observe et je retiens

■ Le passé composé est construit avec l'**auxiliaire** *être* ou *avoir* au **présent** et le **participe passé** du verbe que l'on conjugue.

Exemple Mon ami **est passé** à l'improviste.
Il **a oublié** de me téléphoner.

> Le passé composé est appelé ainsi car il est composé de deux mots : l'auxiliaire et le participe passé.

■ Les **verbes du 1ᵉʳ groupe** font leur participe passé en *-é*.
Exemple Mes parents ont **oublié** de me laisser les clés. Ma sœur a **refusé** de me laisser entrer.

■ Les **verbes du 2ᵉ groupe** font leur participe passé en *-i*.
Exemple J'ai beaucoup **grandi** cet été. Mais je n'ai pas **fini** ma croissance.

Je m'entraîne

1 ★ **Entoure les verbes qui sont au passé composé.**

j'ai réussi – elle prenait – il s'est disputé – nous voudrons – ils ont signé – nous avons ouvert – je suis entré – il prit – elles ont compris – tu prendras

2 ★★ **Complète avec l'auxiliaire *être* ou *avoir* au présent.**

1. Corentin _____ pris l'avion vers les États-Unis avec ses parents. 2. Le voyage _____ commencé par une première étape à New York. 3. Ils _____ déambulé le long des grandes avenues. 4. Ils _____ montés en haut de la statue de la Liberté. 5. Du haut de l'Empire State Building, ils _____ pu admirer l'étendue de cette ville. 6. Ils _____ ensuite partis pour Washington et la côte Est.

3 ★★ **Récris les phrases au passé composé.**

1. Elles refusent de me croire. → _____
2. Il trouve rapidement la bonne réponse. → _____
3. Zora adore les cours d'histoire. → _____

4 ★★ **Récris le texte au passé composé sur une feuille à part (« Hier, Adèle… »).**

Adèle quitte l'école à 16 heures. Elle goûte, puis elle gagne son bureau où elle termine ses devoirs. Ensuite, elle étudie ses leçons. Sa nourrice lui demande de réviser les tables.

5 ★★★ **Récris les phrases au passé composé.**

1. Il agit toujours à bon escient. → _____
2. Tu gravis facilement cette paroi. → _____

> As-tu réussi tes exercices ?

Très bien ☐   Assez bien ☐   Pas assez bien ☐

48 Le passé composé (2)

J'observe et je retiens

■ Le passé composé du verbe *avoir* est construit avec l'**auxiliaire** *avoir* au présent et le **participe passé** du verbe *avoir* (eu).

j'ai eu	nous avons eu
tu as eu	vous avez eu
il, elle, on a eu	ils, elles ont eu

Exemple Les jumeaux **ont eu** le même pyjama.

■ Le passé composé du verbe *être* est construit avec l'**auxiliaire** *avoir* au présent et le **participe passé** du verbe *être* (été).

j'ai été	nous avons été
tu as été	vous avez été
il, elle, on a été	ils, elles ont été

Exemple Ce comique **a été** drôle.

Les verbes *avoir* et *être* se conjuguent tous les deux avec l'auxiliaire *avoir*.

Je m'entraîne

1 ★ **Écris le verbe *avoir* au passé composé.**

1. Tu _____ de belles lunettes. **2.** Vous _____ de la chance. **3.** Mes cousines _____ un babyfoot. **4.** Nous _____ des voisins charmants. **5.** J'_____ la migraine. **6.** Ce garçon _____ un superbe vélo.

2 ★★ **Récris les phrases au passé composé.**

1. J'ai une tablette. → _____
2. Les joueurs ont une médaille. → _____
3. Valentine a-t-elle un téléphone portable ? → _____
4. Vous avez les félicitations. → _____
5. Nous avons de la visite. → _____
6. As-tu de bonnes notes ? → _____

3 ★★ **Écris le verbe *être* au passé composé.**

1. Ma tante _____ maladroite. **2.** Nous _____ récompensés. **3.** Tu _____ ma confidente. **4.** J'_____ contente de mon travail. **5.** Mes chiens _____ primés à plusieurs concours. **6.** Vous _____ formidables.

4 ★★★ **Récris les phrases au passé composé.**

1. Les touristes sont contents de leur séjour. → _____
2. Ce monsieur est-il ton professeur ? → _____
3. Vous êtes très prudente. → _____
4. Es-tu le goal de ton équipe ? → _____
5. Nous sommes fiers de toi. → _____

As-tu réussi tes exercices ?

Très bien ☐   Assez bien ☐   Pas assez bien ☐

49 Le passé composé (3)

J'observe et je retiens

- Certains **verbes du 3ᵉ groupe** ont des participes passés en *-i* ; ou en *-u*.
  Exemple En tombant, il s'est **tordu** la cheville. Il est **sorti** du terrain.

- D'autres participes passés se terminent par une **lettre muette** (*-s* ou *-t*).
  Exemple Les pompiers l'ont **mis/mise** sur une civière.
  Ils l'ont **conduit/conduite** à l'hôpital.

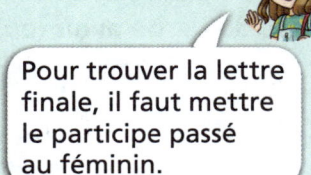

> Pour trouver la lettre finale, il faut mettre le participe passé au féminin.

Je m'entraîne

1 ★ **Complète les phrases en utilisant le participe passé des verbes *sortir*, *revenir*, *vouloir* et *croire*.**

1. J'ai _____ que tu étais parti. 2. Mon père est _____ sur le pas de la porte. 3. Je suis _____ enchanté. 4. Anne et Marie ont _____ le même cadeau.

2 ★★ **Récris les phrases au passé composé.**

1. Paul se perd dans la forêt. → _____
2. Elle repart plus tôt que prévu. → _____
3. Sa tante vient l'accueillir. → _____
4. Le plongeur retient sa respiration. → _____

3 ★★ **Trouve le féminin du participe passé des verbes suivants dans ta tête puis écris la lettre muette finale.**

1. Prendre → pri___
2. Produire → produi___
3. Écrire → écri___
4. Mettre → mi___
5. Faire → fai___
6. Apprendre → appri___

4 ★★ **Transforme les expressions comme dans l'exemple suivant.**

Exemple : *dire un poème → un poème dit.*

1. Construire un meuble → _____
2. Comprendre un problème → _____
3. Interdire un sentier → _____

5 ★★★ **Écris les verbes entre parenthèses au passé composé.**

1. Gaétan (pouvoir) _____ rentrer chez lui après sa radio du genou. 2. Le docteur (finir) _____ par lui poser un plâtre. 3. Il lui (faire) _____ un certificat médical pour le dispenser de sport. 4. Gaétan (comprendre) _____ qu'il ne pourrait pas participer au tournoi de football. 5. En rentrant chez lui, il (s'asseoir) _____ sur le canapé du salon et il (appeler) _____ son entraîneuse pour la prévenir.

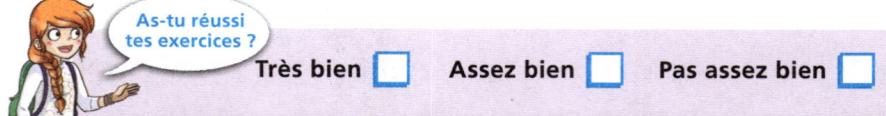

As-tu réussi tes exercices ?

Très bien ☐   Assez bien ☐   Pas assez bien ☐

50 Les homonymes

J'observe et je retiens

■ Les **homonymes** sont des mots qui **se prononcent de la même façon** et qui ont souvent des orthographes différentes.
Ils n'ont pas la même signification et seul le sens de la phrase permet de les distinguer à l'oral.

Exemple Les ronces longent le **mur** du château. Cette plante produit des **mûres**.
Bien **mûrs** ces fruits sont délicieux.

Je m'entraîne

1 ⭐ Regroupe les mots suivants en trois séries distinctes d'homonymes : *haut – verre – mettre – vers – eau – maître – vert – au – mètre – ver*.

1. Première série : _____
2. Deuxième série : _____
3. Troisième série : _____

2 ⭐⭐ Dans chaque phrase, barre le **mot en violet** qui ne convient pas.

1. Ma sœur s'est cassé **le poignet/la poignée** à la gymnastique.
2. Mamie m'a donné **cent/sang** euros pour mon anniversaire.
3. Papa possède un joli **mât/mas** en Provence.
4. Enzo s'est coupé le doigt, il a perdu beaucoup de **cent/sang**.
5. **Le poignet/La poignée** de la porte est cassée.
6. Le bateau rentre au port pour réparer son **mât/mas**.

3 ⭐⭐⭐ Place les mots qui conviennent dans les phrases suivantes.

1. *Père, pair, paire*
a. Il me prête gentiment une _____ de boules de pétanque. b. Douze est un nombre _____ .
c. Ma mère et mon _____ sont très fiers de moi.

2. *Coût, cou, coup*
a. Le _____ de cette girafe est vraiment très long. b. Le boxeur terrasse son adversaire d'un _____ de poing. c. Le _____ des réparations de la voiture est élevé.

3. *Vin, vain, vingt*
a. Je l'ai attendu en _____ . b. Il débouche une bonne bouteille de _____ . c. Cette maison a été construite il y plus de _____ ans.

Pour l'adulte
On distingue les homophones, même prononciation et orthographe différente (*chaîne de vélo/feuilles du chêne*) et les homographes, même prononciation et orthographe identique [*une pomme (de douche)/une pomme (le fruit)*].

As-tu réussi tes exercices ? Très bien ☐   Assez bien ☐   Pas assez bien ☐

51 Les synonymes

J'observe et je retiens

■ Les **synonymes** sont des mots qui ont un **sens très proche**.
Leur emploi permet d'**éviter des répétitions**.

Exemple Mes parents ont acheté une belle **villa**. Ce **pavillon** était la **maison** d'un couple d'anglais.

■ Suivant sa signification, un même mot peut avoir des **synonymes différents**.

Exemples 1 Sur son livret, il a une grosse **somme** d'argent. → *Une grosse **quantité** d'argent.*
2 L'été, après le repas, je fais un petit **somme**. → *Une petite **sieste**.*
3 Pour résoudre ce problème, il faut effectuer une **somme**. → *Une **addition**.*

Je m'entraîne

1 ★ **Barre l'intrus dans chaque groupe de mots.**

1. maigre – chétif – gros – gringalet
2. chanter – se taire – fredonner – entonner
3. comprendre – apprendre – ignorer – assimiler
4. intelligent – sensé – instruit – stupide

2 ★★ **Trouve un synonyme pour chacun des noms.**

1. Des médicaments : _____
2. Des habits : _____
3. Des livres : _____
4. Un ruisseau : _____
5. Des voitures : _____
6. Un matelot : _____

3 ★★ **Récris cette phrase en remplaçant les mots en gras par un synonyme.**

Selim pêche avec son copain Édouard. Son **copain** est un débutant. Il donne des conseils à son **copain**. À la fin de la partie de pêche, les deux **copains** se partagent les prises.

_____
_____

4 ★★ **Trouve le synonyme de chacun des verbes.**

1. Remuer les bras : _____
2. Remuer une pierre : _____
3. Enlever une dent : _____
4. Enlever ses vêtements _____

5 ★★★ **Complète les phrases par un synonyme du mot en gras. Utilise les mots suivants :**
gentil – excellent – succulent.

1. J'ai passé un **bon** moment avec mes voisines. → _____
2. C'est un **bon** petit ! → _____
3. Ce dessert est vraiment **bon**. → _____

As-tu réussi tes exercices ?
Très bien ☐   Assez bien ☐   Pas assez bien ☐

52 Les familles de mots

J'observe et je retiens

■ Les mots d'une même famille ont souvent une partie fixe commune, appelée **radical**.

Exemple Le **jardin**age est un des loisirs préférés des Français. Dans une **jardin**erie, on donne tous les conseils pour devenir un parfait **jardin**ier.

→ *Jardinage*, *jardinerie* et *jardinier* ont un radical commun. Ils appartiennent à la **même famille**.

■ Mais, parfois, ils n'ont pas le même radical.

Exemple La **sal**aison est l'action du **sal**age des viandes et des poissons. Pour cela, on utilise du **sel**.

→ *Sel* appartient à la **même famille** que *salaison* et *salage* mais le radical est différent.

Attention, certains mots se ressemblent, mais ne sont pas de la même famille. Ex. : *sale* (malpropre) et *saler* (un plat). On peut le deviner facilement, car ils ne font pas penser à la même chose, à la même idée.

Je m'entraîne

1 ★ **Entoure le radical des mots suivants.**

journal – embarquer – aéroport – dégeler – épaisseur – plantation – montagnard – imaginaire – ensoleillé – calmement

2 ★★ **Entoure l'intrus dans chaque liste de mots.**

1. fermeture – fermoir – fermette – refermer – enfermer
2. aliment – alimentaire – alignement – alimentation – alimenter
3. plantation – planter – plateau – plante – transplanter

3 ★★ **Les mots suivants appartiennent à trois familles différentes. Retrouve la bonne famille pour chaque mot.**

dévêtir – vision – vestiaire – territoire – voyant – parterre – veste – visuel – terrasse – sous-vêtement – terroir – invisible

1. Famille 1 : _____
2. Famille 2 : _____
3. Famille 3 : _____

4 ★★★ **Complète le texte avec les mots suivants qui font partie de la même famille :**
cuire – culinaires – cuisinier – cuisine – cuisson.

1. Papa est une excellent _____ . 2. Il fait _____ tous ses plats avec patience, à basse température. 3. Il maîtrise la _____ des viandes et des poissons. 4. Nos amis adorent sa _____ . 5. Il faut dire que papa regarde fréquemment des émissions _____ à la télévision.

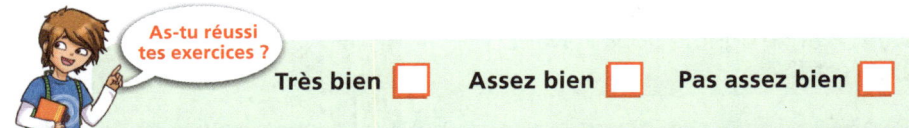

As-tu réussi tes exercices ?

Très bien ☐   Assez bien ☐   Pas assez bien ☐

53 Les préfixes

J'observe et je retiens

■ Les **préfixes** sont des éléments placés **avant la partie fixe** d'un mot (**son radical**). Ils ont des sens différents : *re-* → à nouveau ; *dés-*, *mal-* → le contraire.

Exemple Au bord de la piscine, je **re**tiens mon petit frère par la main. Il me **dés**approuve du regard. Je suis **mal**heureuse qu'il n'ait pas compris mon geste.

■ Des préfixes différents placés devant un mot **changent le sens** d'un mot.

Exemple Je **monte** sur mon vélo, la chaîne casse. Je la **dé**monte. Je la répare puis je la **re**monte.

Je m'entraîne

1 ★ Classe les mots suivants en fonction du sens de leur préfixe : *prédire – invisible – revenir – désagréable – préhistoire – relire – malvoyant – prévenir – refaire*.

1. Le contraire : _____
2. À nouveau : _____
3. Avant : _____

2 ★★ Dans les mots suivants, entoure le préfixe et précise son sens : *le contraire – au-dessous – action de protéger – plusieurs*.

1. Immobile : _____
2. Multicolore : _____
3. Souterrain : _____
4. Antivol : _____
5. Parapluie : _____
6. Désobéissant : _____
7. Souligner : _____
8. Polygone : _____

3 ★★ Complète chaque phrase en ajoutant un préfixe au mot en gras.

1. Il place sa théière sur une _____ **coupe**.
2. Il pleut, je suis trempé, j'ai oublié mon _____ **pluie**.
3. L'avion prend son _____ **vol** dans un vacarme étourdissant.
4. Maman a cueilli un _____ **gramme** de pommes bien mûres.

4 ★★ Complète chaque phrase en ajoutant un verbe de la famille du verbe *poser* au présent.

1. Tous les matins, mon père me _____ devant l'école.
2. En géométrie, les élèves décalquent et _____ les figures identiques.
3. La cantine nous _____ chaque jour des plats différents.
4. Après le match, je me _____ dans les vestiaires.

Pour l'adulte
Dites à l'enfant que *pré* signifie *avant*. *Pré*fixe signifie donc « avant ce qui est fixe ».

As-tu réussi tes exercices ?

Très bien ☐   Assez bien ☐   Pas assez bien ☐

54 Les suffixes

J'observe et je retiens

■ Le **suffixe** est un petit élément situé **à la fin d'un mot** pour former un mot nouveau ayant un **sens différent**.

■ Les **suffixes diminutifs** les plus couramment utilisés sont : *-et*, *-ette*, *-on*, *-eau*.

Exemples
1. Un garçon → un garçonn**et** (un petit garçon)
2. Une fille → une fill**ette** (une petite fille)
3. Un chat → un chat**on** (un petit chat)
4. Un lion → un lionc**eau** (un petit lion)

■ Les **suffixes** permettent de former des mots de la même famille.

Exemples
1. Piano → pian**iste**
2. Pharmac**ie** → pharmac**ien**
3. Laver → lav**able** → lav**erie**

Rappelle-toi : préfixe : *avant* la partie fixe (le radical) ; suffixe : *après* la partie fixe.

Je m'entraîne

1 ★ **Trouve le nom du métier correspondant aux noms suivants.**

1. Mécanique : _____
2. Informatique : _____
3. Agriculture : _____
4. Poisson : _____
5. Pharmacie : _____
6. Fleur : _____

2 ★★ **Complète les phrases en ajoutant le suffixe diminutif qui convient.**

1. Dans ce zoo, un **éléphant**_____ vient de naître.
2. En me promenant, j'ai découvert une **maison**_____ à l'orée d'un bois.
3. La cane et ses **cane**_____ ont élu domicile près de la mare.
4. Ce **garçon**_____ aime regarder son père bricoler.
5. La lionne et ses **lion**_____ se promènent tranquillement dans la savane.

3 ★★ **Modifie les suffixes des verbes pour obtenir un nom de la même famille.**

1. Remplacer : un _____
2. Soustraire : une _____
3. Corriger : la _____
4. Coller : un _____
5. Connaître : la _____
6. Ignorer : l'_____

4 ★★★ **Complète par un adjectif de la même famille que le verbe entre parenthèses.**

1. C'est un match (gagner) _____. 2. Je suis (joindre) _____ sur mon portable à partir de 18 heures. 3. Ton compte-rendu sur les vacances est (remarquer) _____. 4. Le clocher de l'église est (voir) _____ de la fenêtre de ma chambre. 5. Je comprends ton histoire. Elle est (comprendre) _____.

As-tu réussi tes exercices ?
Très bien ☐ Assez bien ☐ Pas assez bien ☐

55 Les contraires

J'observe et je retiens

■ Les **contraires** sont des mots de **sens opposé**.
Exemple
J'**adore** les voitures. Je **déteste** le vélo.
Adorer et détester expriment des idées contraires.

■ On forme souvent le contraire d'un mot en ajoutant un **préfixe** au radical.
Exemples **Faire** et **dé**faire, c'est toujours travailler. Enzo est **content** de son travail. Son papa, lui, est **mé**content du sien.

Je m'entraîne

1 ★ Relie par une flèche les mots de sens contraire.

1. Interdit •   • a. Autorisé
2. Rapide •   • b. Humide
3. Chaud •   • c. Lent
4. Sec •   • d. Froid

2 ★★ Trouve le contraire de chacun des mots.

1. Ennemi : _____
2. Mou : _____
3. Faible : _____
4. Fin : _____
5. Cuit : _____
6. Ouvert : _____

3 ★★ Récris les phrases en remplaçant le mot souligné par un mot de sens contraire.

1. À la fin des cours, Ilyès rentre <u>rapidement</u> chez lui. → _____
2. Le jury décide que l'accusé est <u>coupable</u>. → _____
3. Sofia a frappé <u>faiblement</u> sur la table. → _____

4 ★★ Écris le contraire des mots en choisissant le **préfixe** qui convient : *mé-*, *in-*, *im-* ou *mal-*.

1. Connu : _____
2. Utile : _____
3. Heureux : _____
4. Croyable : _____
5. Patient : _____
6. Volontaire : _____

5 ★★ Récris les phrases en ajoutant un **préfixe** au mot en gras pour qu'il ait le **sens contraire**.

1. Ce texte est _____ **compréhensible**. 2. Il est toujours _____ **content**.
3. Ton écriture est _____ **lisible**.

As-tu réussi tes exercices ? Très bien ☐   Assez bien ☐   Pas assez bien ☐

56 Le champ lexical

J'observe et je retiens

■ Les mots qui appartiennent à un **même domaine** forment un **champ lexical**.

Exemple Dans le Sud, au bord des routes, on voit des platanes. Des chênes, des hêtres et des châtaigniers poussent dans la forêt méridionale.

Platanes, chênes, hêtres et châtaigniers appartiennent au champ lexical des arbres.

■ Les mots d'un même champ lexical peuvent appartenir à une **même famille** ou **être synonymes**.

Exemple Les championnats d'athlétisme viennent de commencer. Dans le stade, les athlètes sont motivés. Les épreuves sont nombreuses ; les compétitions durent trois jours. La course reine, le cent mètres, est attendue avec impatience par le public.

Athlète *et* athlétisme *sont des mots de la* **même famille**.
Épreuves, compétitions *et* course *sont des* **synonymes**.

Je m'entraîne

1 ⭐ **À quel champ lexical appartiennent ces différentes séries de mots ?**

1. couverture, chapitre, page, auteur, titre → _____
2. averse, orage, déluge, inondé, flaque → _____
3. lapin, fusil, chiens, cartouches, perdrix → _____
4. pinceau, fusain, gouache, aquarelle, chevalet → _____
5. pluie, soleil, nuage, température, vent → _____

2 ⭐⭐ **Quel est le champ lexical dominant dans le texte suivant ?**

Allongée sur la plage, bercée par le clapotis des vagues, je m'étais assoupie. Soudain, je fus réveillée par les cris des goélands qui plongeaient inlassablement dans l'eau. Ils avaient repéré un banc de poissons et le festin commençait.

→ _____

3 ⭐⭐ **Trouve des mots du champ lexical du mot *école* et écris-les ci-dessous.**

_____

4 ⭐⭐⭐ **Trouve des mots appartenant au champ lexical du mot *cheval* puis classe-les.**

1. Mots appartenant au même domaine : _____
2. Mots de la même famille : _____
3. Synonymes : _____

Pour l'adulte
Jouez avec l'enfant à trouver les mots du champ lexical de la bicyclette, du ski, des fruits secs, de l'informatique…

As-tu réussi tes exercices ?

Très bien ☐   Assez bien ☐   Pas assez bien ☐

57 Le sens propre et le sens figuré

J'observe et je retiens

■ Le **sens propre** est le sens le plus courant d'un mot. Le **sens figuré** est son sens imagé.

Exemple Paolo a **dévoré** (*a mangé*) son sandwich.
Olga a **dévoré** son livre. (*Elle l'a lu avec avidité.*)
*Dans la première phrase, le verbe **dévorer** est utilisé au sens propre et dans la seconde phrase au sens figuré.*

■ Il existe dans la langue française de très **nombreuses expressions** utilisées **au sens figuré** dont il faut connaître **la signification**.

Exemple Il a les yeux plus gros que le ventre.
Cette expression au sens figuré indique qu'il n'est pas capable de manger ce qu'il a demandé.

Je m'entraîne

1 ★ **Relie chaque expression au sens qui lui correspond.**

1. J'ai un chat dans la gorge.
2. Le chat ronronne près du feu.
3. Ce maçon a le compas dans l'œil.
4. Il faut utiliser un compas pour tracer un cercle.
5. Mathilde a mordu son grand frère.
6. Mon cousin est un mordu d'informatique.

a. Sens propre

b. Sens figuré

2 ★★ **Indique si les expressions sont au sens propre ou au sens figuré.**

1. Dans le verger, Manon ramasse des pommes. → _____
2. Manon est tombée dans les pommes. → _____
3. Il fait un froid de canard. → _____
4. Les canards aiment nager dans la mare. → _____

3 ★★★ **Une monitrice de colonie de vacances a noté quelques appréciations sur les enfants dont elle s'est occupée. Indique ce qu'elles signifient.**

1. Julien est toujours tiré à quatre épingles. → _____
2. Mélissa a le cœur sur la main. → _____
3. Carla est bavarde comme une pie. → _____
4. Djibril a la main verte. → _____
5. Noam a peur de son ombre. → _____
6. Agathe a toujours la tête dans les nuages. → _____

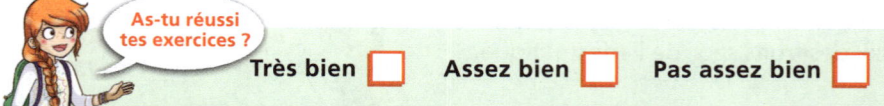

As-tu réussi tes exercices ?

Très bien ☐   Assez bien ☐   Pas assez bien ☐

58 Du verbe au nom

J'observe et je retiens

■ On peut construire une phrase en **remplaçant le verbe conjugué par un nom de la même famille**.
Exemples
1 L'école **ouvre** (*verbe ouvrir*) à 8 heures 20. **Ouverture** (*nom*) de l'école à 8 heures 20.
2 Les cours **débutent** (*verbe débuter*) à 8 heures 30. **Début** (*nom*) des cours à 8 heures 30.

■ La transformation du verbe en nom permet de réduire **deux phrases en une seule**.
Exemple
Mes amis **ont reçu** (*verbe recevoir*) mon e-mail. Ils ont été surpris.
La **réception** (*nom*) de mon e-mail a surpris mes amis.

Je m'entraîne

1 ★ **Forme un nom à partir des verbes.**

1. Isoler : l'_____
2. Sauver : le _____
3. Fuir : la _____
4. Enlever : l'_____
5. Diriger : la _____
6. Mordre : la _____
7. Fixer : une _____
8. Prévoir : la _____

2 ★★ **Remplace le verbe par un nom de la même famille.**

1. La comédienne apprend son texte. → _____
2. Ma petite sœur est née. → _____
3. Le journal paraît aujourd'hui. → _____
4. Il change de train à la gare de Lyon. → _____

3 ★★ **Remplace le verbe souligné par un nom de la même famille et forme une seule phrase.**

1. Mon voisin s'est marié. Les invités étaient nombreux.
→ Au _____

2. Le prix des fruits augmente. Cela réduit la consommation.
→ L'_____

3. Le Tour de France passe près de chez nous. Il attire beaucoup de spectateurs.
→ _____

4. Il a plu cet après-midi. Le jardin est arrosé.
→ _____

59 De l'adjectif au nom

J'observe et je retiens

■ On peut construire un groupe nominal en **remplaçant l'adjectif** par un **nom de la même famille**.
Exemples
Emma est **aimable** (*adjectif*). → L'**amabilité** (*nom*) d'Emma
Mathia est **gentil** (*adjectif*). → La **gentillesse** (*nom*) de Mathia.

■ La transformation de l'adjectif en nom permet de réduire **deux phrases** en **une seule**.
Exemple
Cet artisan est **habile** (*adjectif*). Cela n'est plus à démontrer.
→ L'**habileté** (*nom*) de cet artisan n'est plus à démontrer.

Je m'entraîne

1 ★ **Forme un nom à partir des adjectifs.**

1. Solide : la _____
2. Exacte : l' _____
3. Grand : la _____
4. Possible : la _____
5. Fine : la _____
6. Différente : la _____
7. Important : l' _____
8. Grave : la _____

2 ★★ **Remplace l'adjectif souligné par un nom de la même famille.**

1. Le parcours est <u>difficile</u>. → La _____ du parcours.
2. Le vent est <u>violent</u>. → _____
3. Cette plage est <u>propre</u>. → _____
4. La récolte est <u>abondante</u>. → _____
5. Mon petit frère est <u>jaloux</u>. → _____

3 ★★★ **Remplace l'adjectif en violet par un nom de la même famille et forme une seule phrase.**

1. Cette voiture est **puissante**. Elle nous permet de nous déplacer rapidement.
→ La _____

2. Le vent est très **violent**. Les arbres se couchent.
→ La _____

3. Mon amie Maëlle est **franche**. J'apprécie.
→ J' _____

4. Sa tenue est **simple**. Cela ne l'empêche pas d'être élégante.
→ La _____

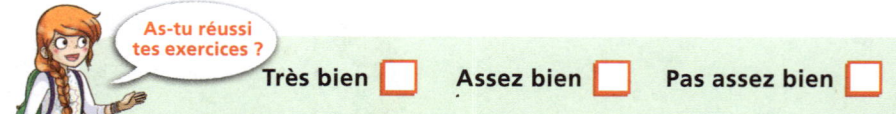

As-tu réussi tes exercices ? Très bien ☐   Assez bien ☐   Pas assez bien ☐

60 L'utilisation du dictionnaire

J'observe et je retiens

■ Dans le dictionnaire, les mots sont classés dans l'**ordre alphabétique**.
Lorsque la 1re lettre est la même, c'est l'ordre alphabétique de la deuxième lettre qui permet de trouver le mot que l'on cherche. Si la deuxième est la même, on se réfère à la 3e et ainsi de suite.

Exemple **p**âle, **pa**rloir, **pi**le, **pis**te, **pô**le, **po**ste.

■ Le dictionnaire donne les différents sens d'un mot. C'est le sens de la phrase qui permet de trouver la bonne définition.

Exemple Pour le pique-nique ; je range le repas dans la **glacière**.

Glacière est un nom commun (n), féminin (f),
il a quatre sens différents.
C'est la définition n° 4 qui correspond au sens
de la phrase ci-dessus.

> **Glacière** n.f. : 1. Lieu où l'on conserve de la glace. 2. Lieu où se forme naturellement de la glace. 3. Appareil à faire de la glace. 4. Appareil utilisé pour la conservation des denrées par le froid.

Je m'entraîne

1 ★ **Classe les mots de chaque liste par ordre alphabétique. Numérote-les de 1 à 5.**

1. (__) frise – (__) fantaisie – (__) fidèle – (__) banane – (__) terre
2. (__) greffe – (__) garnir – (__) guéridon – (__) jardin – (__) bêche
3. (__) intime – (__) isolation – (__) identité – (__) ignoré – (__) informatique

2 ★★ **Entoure dans chaque liste le mot mal classé.**

1. Calme – cylindre – chapeau – corde – crayon
2. Drapeau – dribleur – dresser – droguerie – druide
3. Carburant – carnaval – cataracte – carpe – cartable

3 ★★ **Cherche dans le dictionnaire la définition qui correspond au sens du mot en violet.**

1. Le chef d'orchestre dirige avec sa **baguette**. → _____
2. Je peux manger avec des **baguettes**. → _____

4 ★★★ **Écris une phrase correspondant à chaque définition du mot *place*.**

Place, n. f. : **1.** Espace public découvert, entouré de constructions, dans une agglomération. **2.** Rang obtenu par quelqu'un dans un classement, une compétition. **3.** Emplacement pour garer une voiture.

1. _____
2. _____
3. _____

As-tu réussi tes exercices ? Très bien ☐   Assez bien ☐   Pas assez bien ☐

POUR LE CAHIER :

Illustration de couverture (et pictos enfants) : Cyrielle – **Illustrations intérieures :** Aurélie Abolivier
Conception graphique (couverture) : Yannick Le Bourg et Raphaël Hadid – **Mise en pages :** Patrick Leleux PAO

POUR LE MÉMENTO VISUEL DÉTACHABLE :
Illustrations : Alice De Page – **Mise en pages :** Eskimo

© Éditions Magnard, 2019, Paris.
www.joursoir.fr
N° d'ISSN : 2265-1055

Aux termes du Code de la propriété intellectuelle, toute reproduction ou représentation intégrale ou partielle de la présente publication, faite par quelque procédé que ce soit (reprographie, microfilmage, scannérisation, numérisation…) sans le consentement de l'auteur ou de ses ayants droit ou ayants cause est illicite et constitue une contrefaçon sanctionnée par les articles L. 335-2 et suivants du Code de la propriété intellectuelle.
L'autorisation d'effectuer des reproductions par reprographie doit être obtenue auprès du Centre Français d'exploitation du droit de la Copie (CFC) 20, rue des Grands-Augustins – 75006 PARIS – Tél. : 01 44 07 47 70 – Fax : 01 46 34 67 19

Achevé d'imprimer en Novembre 2020 par L.E.G.O. S.p.A., Lavis (TN) - ITALIE
Dépôt légal : Janvier 2019 – N° éditeur : MAGSI20200944